행복한 간화선

행복한 간화선

일선 지음

클리어마인드
CLEARMIND

사람들은 누구나 자기의 근기와 업력에 따라서 살아가고 있다. 다만 자기가 하는 일에 만족하지 못하고 자꾸 옆 사람과 비교하면서부터 불행해지기 때문에 어떻게 하면 행복하게 사느냐가 문제일 것이다. 부처님께서는 팔만대장경을 통해서 행복의 로드맵을 보여주셨고 조사들은 바로 가리켜 보이셨기 때문에 이미 내비게이션을 쓰셨던 것이다. 그러나 요즘 사람들은 워낙 멀리 벗어난 지라 수행을 하려는 사람은 드물며 쉽게 믿음을 일으키려 하지 않는다. 또한 조사의 가르침이 친절한 줄 모르고 게을러서 이것마저 어렵다고 하기 때문에 유구한 정신문화이며 수행의 전통인 간화선이 점점 대중 속에서 멀어져 가는 안타까운 현실이다.

처음 초등학교 육 학년 때 일체 언어에 대한 의심이 일어나서 말을 할 수가 없었고 호흡이라는 말을 의심했을 때는 숨마저 막혀버린 경험이 있었다. 지금 생각해 보면 전생에 간화선을 했던 경험이 남아 있어 금생에 업력이 발생한 것이었다. 존재의 집인 언어가 해체되고 나니 기절을 한 듯이 큰 충격으로 다가왔던 것이다. 그래서 일찍이 동진으로 출가를 했지만 하근기라서 믿음을 성취하지 못하고 많은 세월을 헤매게 되었다. 하지만 다행히 보조 국사의 『수심결』을 만나 '마음이 본래 부처' 라는 구절에 믿음을 성취하게 되어 쉴 수 있었다. 그러나 다시 지해병에 막혀서 헤매다가 『간화결의론』을 만나서 일체 지해를 소각하는 특별한 인연이 되었다.

그간 수행의 길을 돌이켜보면 처음부터 일 속에서 참선을 익혔으며 선방에 다니기는 했지만 이십여 년 동안 수련회를 통해서 대중 속에서 동고동락하며 간화선을 했다는 것이 다른 사람과 차이라고 할 수 있을 것이다. 그래서 항상 지금 여기에서 괴롭고 편안하지 못했기 때문에 화두를 제기하는 수밖에 없었다. 다행히 여러 선지식을 가까이 할 수는 있었지만 복력이 부족해서 믿음을 바치지 못하고 많은 세월을 헤매었다. 그래도 화두에 의정을 일으키는 버릇은 남아 있어 끝까지 물고 늘어지니 점점 업력이 녹아지고 쾌활한 경계를 맛보게 되었지만 아직 지혜와 자비가 엷어서 부끄럽기 한량이 없다.

그런데 출판사에서는 간화선에 관한 훌륭한 책은 많이 나와 있지만 너무 어렵다고 하니 대중들을 위해서 보다 쉬운 글을 부탁했다. 그러니까 수련회 경험을 통해서 얻은 작은 지혜라도 들려 달라는 간절한 부탁을 받게 된 것이 작년 정월이었다. 그동안 고생한 경험이 있고 너무나 힘들었기 때문에 같은 처지를 생각해서 선뜻 대답을 하고 말았다. 하지만 아직 수행이 부족했기 때문에 오히려 죄업을 지을 것만 같아 지난 일 년을 요리조리 핑계를 대고 잘 빠져나갔다. 그러나 어느 날 꿈에 시커먼 사나이들이 찾아와서 말빚을 갚으라고 독촉하는 바람에 더 이상 피할 수 없어 약속을 지킬 수밖에 없다는 결론에 이르게 되었다. 그래서 다시 관세음전에 나아가 기도를 올리며 진정견해에 벗어나서 죄업을 짓지 않게 해달라고 끝없이 참회하고 발원을 했다. 한편 깨달은 바가 없어 겨우 짜낸 것이 오히려 많은 사람들의 눈을 멀게 하여 공부길을 그르치지는 않을까 그저 두렵기만 하다.

지난 겨울은 유달리 추웠기에 참으로 혹독했다. 그것은 공부하여 도무지 얻은 것이 한 법도 없고 정진이 부족했기 때문이다. 더구나 글이 짧아서 일찍이 구산 선사께서 강원을 마치고 참선을 해도 늦지 않다고 했지만 급한 마음에 봉암사로 도망친 것이 후회스러웠다. 하지만 일선 수좌는 편지 쓰는 것을 보니 전생에 문호 같다며 득력을 하기 전에는 글을 보지 말라고 하신 서암 전 종정스님 말씀을 떠올렸다. 만약 글을 많이 익혔다면 글맛을 알아 참선을 하지 못했을 것이라는 생각을 하니 조금은 위안이 되었다. 더구나 이번에 글을 쓰며 가르치면서 배운다는 말을 실감할 수 있었다. 그래서 두 선지식이 바르게 이끌어 주셨음에 감사드리게 되었다.

간화선은 조사들이 바로 가리켜 지시한 직지인심의 공안이라는 대본을 가지고 간화행자가 하나의 화두를 간택하여 끝없이 본을 뜨는 것이다. 마치 연주자가 작곡가의 악보를 자기의 전

생명으로 삼아 의지하다가 문득 득음을 하듯이 자기의 천진한 성품에 계합하여 한바탕 크게 웃는 것이다. 깨치고 보니 누구나 본래 가지고 있었으며 위로는 성인과 더불어 아래로는 범부에 이르러서도 아무런 차별이 없기 때문에 괜히 한바탕 평지에 풍파를 일으킨 것이다. 그래서 조사들은 소를 타고 소를 찾는 격이며 업은 아이 삼 년을 찾는 격이라고 했다. 그러나 이런 연극을 하지 않으면 사람으로 태어난 것이 얼마나 귀하고 소중한 인연인 줄 모르고 살기 때문에 누구나 한번 빠져봐야 행복한 삶을 살아갈 수 있을 것이다.

사람으로 태어나서 이왕 수행을 한다면 간화선을 해야 한다는 생각이 드는 것은 알고 보면 간화선이야말로 행복으로 가는 지름길이며 가장 멋진 길이기 때문이다. 다만 간절한 발심을 통해서 '마음이 본래 부처'라는 믿음을 성취해야 마치 부모를 때려죽인 원수를 만난 듯이 간절한 의정이 샘솟기 때문에 쉬운 일만은 아닌 것이 사실이다. 그러나 믿음을 성취하면 일상사에 마음이 나타나지 않는 곳이 없기 때문에 삶의 현장이 바로 간화선 수행의 도량이다. 마음은 대상을 따라서 나타나기 때문에 오히려 고요한 곳에서는 활발한 경계가 없으니 여간 수행이 깊어지지 않으면 고요함에 빠져서 마음을 알아차리기가 어렵기 때문이다.

보조 국사는 호랑이 눈처럼 깨어있는 안목으로 고려불교의 폐단을 관찰하여 선과 교를 융합하고 그 실천으로 '성적등지문'과 '원돈신해문', '간화경절문'이라는 세 가지 문을 제시하였다. 이것은 국사가 한국 최초로 간화선을 제창하면서 한국적인 간화선의 체계를 완성하신 독특한 가르침이다. 그리고 평생을 소처럼 근면하고 우직한 실천으로 수행을 끝없이 향상시켰으니 우행호시牛行虎視를 수행의 모토로 삼았다. 오늘날 조금 힘든 일은 외면하고 쉽게 살려는 풍습이나 끝없이 지혜를 개발하지 않는 사람들은 다시 한 번 커다란 경책으로 삼아야 할 것이다.

국사는 『금강경』 독송하기를 권하여 법을 세우고 『육조단경』

을 스승으로 삼아 법을 설하였으며 대혜『서장』과 이통현의『화엄론』을 양팔로 삼았다. 이제 다문화 가정이 점점 늘어나고 불법은 국경이 없어서 여러 가지 수행법이 들어오고 있다. 그러나 정혜쌍수가 되지 않으면 올바른 수행이 아니라고 수행의 기준을 제시했던 보조 국사의 가르침처럼 벽을 넘어서는 한국적인 수행의 문화를 창조해 내야 할 것이다. 그러므로 이 땅에 처음 간화선을 제창한 보조 국사의 업적이 참으로 위대하지 않을 수 없다.

특히 국사의 저술인『수심결』은 지금도 중국의 남보타사 불학원에서 선을 배우는 교재로 쓰이고 있으며『진심직설』은 널리 호평 받은 세계적인 명저로 극찬하고 있다. 이제 다시 국사의 사상을 조명하고 널리 후학들에게 보급하여 흔들리고 있는 간화선문을 바로 세워야 할 것이다. 올해가 국사의 열반 800주기이다. 그래서 후학으로서 부끄러움을 무릅쓰고『수심결』과『간화결의론』을 의지하여 간화선에 관한 글을 보다 쉽게 쓴다고 써

보았다. 하지만 오히려 가르침에 어긋나지 않았는지 참으로 두렵기만 하다. 이제 겨우 갈 길을 알았으니 더욱 하심하고 널리 보살행을 실천하여 참으로 간화행자의 회향이 되도록 정진해야겠다. 따라서 많은 인연들이 간화선을 실천하여 저마다 행복의 문이 열리기를 간절히 발원해 본다.

이 글을 쓸 수 있도록 가르쳐 주신 여러 선지식과 은사스님, 격려해 주신 성우 큰스님과 현웅 스님께 감사드리며 도반인 법인 스님에게도 감사하게 생각한다. 그리고 낳아 주신 부모님과 단월이 되어준 여러 청신사, 청신녀들에게 감사의 인사를 올리고 싶다. 또한 클리어마인드 대표인 오세룡 거사님과 직원들의 노고에 더욱 감사드린다.

불기 2554년 경인년 오월 관음재일
거금도 금천선원에서

淸巖 日禪 합장

기쁜 마음으로

좋은 사람 만나면 좋은 일 있고,

나쁜 사람 만나면 나쁜 일 생긴다.

사람이 사람을 만나 행복하다면

그보다 더 기쁜 일이 어디 있으랴.

봄이 무르익어 라일락 향기 스며들던 어느 날

뜻밖의 스님이 왔다.

올해 우전 햇차 한 통 들고 왔다.

스님을 처음 만나는 순간 내 마음은 편했다.

스님과 다담을 나누면서

스님의 수행의 향기를 느낄 수 있었다.

그것은 영혼의 맑음에서 우러나오는 파장이리라.

쉽고 쉬운 이야기가 한문이란 옷을 입고 그것도 모자라

중국 선이라는 너울 속에 있다 보니 부처님 큰 가르침이

일반인들이 배워 알고 실천하기에는 너무 동떨어져 있는

불교 현실이 마음에 걸렸다.

사람은 누구나 행복을 추구한다.

그게 가벼운 것이든 큰 것이든 그 나름마다 다르겠지만

행복을 선망하고 또 행복해지기 위해 노력들을 한다.

그러나 참된 행복, 영원한 행복을 얻기란 쉽지 않다.

그런데 부처님 가르침 속에 선 속에 근본 행복을 얻을 수 있는

길을 분명히 제시한 선의 나침반과 같은 보조 국사의『수심결』과

『간화결의론』은 벌써 800여 년 전 이 땅에 꽃 피워져

그 법의 향기가 지금도 눈 뜬 이들에게는

무한한 행복을 누리도록 하고 있다.

그런데 인연이 쉽게 닿지 않는 이들을 위하여 일찍 숙세선근

인연으로 동진으로 출가하여 나름대로 마음을 쉰 일선 스님이

그동안 정진의 힘으로『행복한 간화선』을 펴내게 되어 참으로

기쁜 마음 앞서기에 분수를 돌보지 않고 주책없이 몇 자 쓴다.

선근 인연이란 스스로 마음에서 비롯되지만

한 생각 일어날 수 있도록 도와주는 공덕 또한 적지 않으리라.

누구나 바라는 참 행복의 길이 간화선에 있다는 사실은

만고불변의 진리가 될 것이다.

그리고 그 가르침의 길이 여기에 있음이 분명한 것 같다.

많은 이들이 『행복한 간화선』과 인연하여 그 마음이 밝아지고

그 마음이 향기로워지기를 염원한다.

2010년 오월에

불교TV 회장 석성우

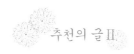

글이란 글속에 뜻이 살아 있을 때 그 글이 글 노릇을 한다.
또한 뜻이 아무리 좋아도 그 뜻이 글이나 말로 나타나지
않는다면 그 뜻은 옷장에 넣어 둔 것과 같을 것이다.

선이 곧 그렇다.
선심은 예와 지금을 나누지 않지만 사람이 사람 속에 있는
선의 뜻을 얻지 못하면 우리들에게 아무 소용이 없다.
옛 어록 속에 검은 글씨로 누워 있다면
말 그대로 고물상에 누워 있는 언어가 될 것이다.
일선 스님은 바로 이런 일을 해냈다.
그의 글을 읽어보면 예와 지금을 무리 없이 이어 놓고 있다.

어떤 때는 지나치리만큼 그 표현이 자상하여
그 뜻을 눈앞에 옮겨온 밥상 같다.
그렇지만 어느 땐 글의 심오함이
오래오래 새겨도 맛이 나는 깊은 것도 담고 있다.
사람에 따라 그의 글은 취함에 있어 편안함을 주고

또 일상 속에 어지러워지기 쉬운 마음도 단정하게 해준다.

이런 것들은 일선 스님이 지금까지 살아온
그의 수행 생활이 오롯이 드러남이다.

세상이야 변하든 않든 그의 구도자로서의 삶은
항상 푸르러 있었다는 것을 이 글을 보고 알 수 있다.
그래서 책 속 그의 글들이 풋풋하다.
신선하다.
이 책 속에서 그를 만날 수 있어 좋다.
그리고 옛 사람들의 뜻을 쉽게 만날 수 있어 좋다.

요즈음 봄은 얼굴만 뵈고 가버리는 인사처럼 짧게 지나간다.
일선 스님의 『행복한 간화선』 책이 출판됨은
급작스러히 지나가는 계절에 상큼함을 준다.

2010년 늦은 오월
서울 육조사 선원 少林屈에서

조계사문, 玄雄은 짓다.

행위와 행위자는 둘이 아니다.

맑은 가슴으로 멀리 가는 향기가 되고

치열한 의문으로 삿됨이 범접하지 못하는 취모검이 되며,

늘 따뜻한 미소로 사람을 위무하는 보현행자가 있다.

대분심과 대자비의 행보로 그대로 길이 되는 사람이 있다.

남도 땅 영원한 섬마을 청년 일선 스님.

진리는 언어로 표현 가능한 것인가?

동서철학의 숱한 의문과 논쟁 속에서

"진리는 결코 언어에 있지 않다.

그렇다고 언어를 떠나 있지도 않다"는 『화엄경』의 선언처럼,

일선 스님은 자연과 사람의 일상 속에서 체화된 자기언어로

이언진여離言眞如와 의언진여依言眞如의 경계를

자유로이 드러내고 있다.

무엇보다도 일선 스님의 삶과 글은

정직하고 간명하며 핵심적이다.

대한불교 조계종 교육부장 법인

행·복·으·로
가·는·문

해·조·음

행·복·으·로 가·는·문

간화선은 조사들이 바로 가리켜 지시한 직지인심의 공안이라는 대본을 가지고 간화행자가 하나의 화두를 간택하여 끝없이 본을 뜨는 것이다. 마치 연주자가 작곡가의 악보를 자기의 전 생명으로 삼아 의지하다가 문득 득음을 하듯이 자기의 천진한 성품에 계합하여 한바탕 크게 웃는 것이다.

고통을
바로 보면
발심이
일어난다

바람이 숲을 뿌리째 흔들어대더니 나뭇가지에는 어느덧 새 움이 트고 있다. 오늘은 순한 바람이라서 그간 미루었던 텃밭을 갈아엎고 지혜의 씨앗을 뿌렸다. 겨우내 켜켜이 쌓여 익은 무명의 거름을 끌어내고 땀 흘려 설게 하여 예쁘게 가꾸어 놓았더니 볼수록 뿌듯하다. 꽃피는 삼월에 찾아와 수행자들의 살림살이를 점검하게 하는 부처님의 출가재일과 열반재일은 잠시 꽃소식에 들뜬 기운을 가라앉히는 커다란 경책이 아닐 수 없다.

『법화경』 비유품 삼계화택에서는 본래 청정한 마음이 대상을 따라서 한없이 유전하다가 꼬일 대로 꼬인 것이 탐·진·치 삼독으로 인하여 삼계 속에서 고통 받는 모습으로 불타는 집과 같은 상황에 비유되고 있다. 세상은 지금 끝없이 무상을 설하고 있다. 일찍이 없었던 세계적인 경제위기 속에서 하루를 사는 것이 불안과 공포의 연속이다.

청년들은 일자리가 없어서 실의에 빠져 자살하는 사람이 늘어나고 있으며 직장인들은 대량해고와 실직의 불안에 나날이 떨고 있는 안타까운 실정이다. 또한 버려진 아이들의 숫자가 점점 늘어나서 외환위기 이후 가장 많다고 한다. 마치 연못에 사는 물고기가 차츰차츰 말라 들어가는 물을 바라보며 한쪽 구석에 몰려있는 것처럼 딱한 처지가 지금 우리 인생의 모습인 것 같다.

설상가상으로 식수마저 고갈되어 급수 받고 있는 모습을 지켜보면서 참으로 인생이 무상하고 고통 아님이 없다는 사실이 뼈저리게 다가온다. 이것은 바로 부처님의 최초 설법인 사성제 가운데 첫 번째인 고성제로 일체가 고통 아님이 없다고 설하신 말씀과 같은 것이다.

한편 기존의 관념으로는 전혀 예상할 수 없었던 일이 이번에 터진 미국발 세계적인 금융경제위기였다. 공산주의가 무너지고 나서 민주주의와 시장경제만이 유일한 대안이라고 했지만 도덕 불감증이라는 새로운 복병이 나타나 세계인의 삶을 이토록 황폐하게 뒤흔들어 놓을 줄 미처 몰랐기 때문이다. 이것은 그동안 인간의 행복을 물량 위주의 잣대로 재단하여 끝없이 욕망을 부추겨 그 거품으로 인한 붕괴가 초래한 필연적인 결과인 것이다.

그러나 위기가 기회라고 했듯이 앞으로 나타날 새로운 질서의 탄생과 더불어 인간들의 그릇된 욕망을 조절하고 본래 모습인 부처의 삶을 회복하는 더없이 좋은 기회가 아닐 수 없다. 새 생명이 알에서 깨어 나오기 위해서는 기존의 관념과 업력은 과감하게 깨지고 엎어져야 하는 아픔이 필요하기 때문이다. 부처님께서 사문유관을 통해서 생로병사의 무상함을 자각하여 출가를 결행한 것은 바로 이런 까닭이었다. 또한 이것은 두 번째 성스러운 가르침인 모든 집착으로부터 위대한 포기를 의미하기 때문이다. 조사스님들은 세상에서 가장 큰 일은 나고 죽는 고통에서 벗어나는 일이니 마치 머리에 불이 붙은 것처럼 빨리 생사 윤회의 불길에서 뛰쳐나와야 한다고 했다. 세상사가 모두 꿈속의 일이어서 빨리 꿈을 깨기 위해서는 참으로 무상한 마음을 내어 간절하게 발심을 해야 하기 때문이다.

지금 돌이켜보면 초등학교 육 학년 때인 것 같다. 모든 언어에 대한 의심이 생겨서 끝내 말을 할 수 없었고 호흡이라는 말을 의심했을 때는 숨도 제대로 쉬지 못했던 기억이 떠오른다. 아마도 전생 공부의 습이 아직 남아 있어서 언어 이전의 세계인 화두에 대한 의심이 떠오른 것 같다. 존재의 집인 언어가 해체되고 나니 기절을 한 듯이 큰 충격에 빠졌다. 또한 중학교 때는 사람은 왜 죽어야 하는지, 또 죽으면 어디로 가는지 궁금해서 고향 마을 뒷산에 있는 절에 가서 스님에게 물었더니 큰 공부를 할 인연이라고 해서 송광사에 가게 되었다. 처음에는 큰 공부를 한다고 해서 앞으로 크면 고시 공부를 시키는 줄로 알았는데 후원에서 행자 생활이 시작되었다.

아직 어린 나이라서 예불을 해도 무슨 뜻인 줄 모르고 새벽에 일어나면 잠이 부족하여 코피가 터져서 참으로 힘이 들었다. 더구나 요령을 피워 뒷산에서 놀다가 오는 날이면 고참 행자님들의 호령이 어찌나 무서웠는지 모른다. 그래서 송광사를 나왔는데 고등학교 때 비로소 생사 문제가 너무나 궁금하고 급박하게 다가왔고 선생님들에게 물어봐도 해답을 주지 않아서 더 이상 지체할 수 없는 발심이 일어나 출가를 했다.

사미계를 받자마자 방장스님인 구산 선사를 찾아가서 방금 계를 받는데 흔적이 없다고 솔직한 심정을 말했지만 주장자로 후려치면서 강원에 가서 경을 배우고 사문의 위의를 갖추라고 했다. 그러나 참선을 해야 한다는 급한 마음에 그 길로 삼십 리 길을 뛰어나와 봉암사로 도망치듯 달아났다. 은사스님은 아무리 눈앞에 큰 선지식이 있어도 복이 없으면 인연이 안 된다고 하면서 당시 봉암사 조실로 오신 서암 스님이 선지식이니 찾아가라고 했다. 그런데 봉암사 결사 이후 그간 폐쇄되었던 산문이 다시 열리기는 했지만 아직 어수선하고 산철이라서 다시 오십 리 길을 걸어서 원적암으로 선지식을 찾아갔더니 초여름 해는 벌써 지고 어둠이 내리고 있었다.

보조 국사는 땅에서 넘어진 사람은 땅을 짚고 일어나라고 했다. 눈앞의 현실로 나타난 일체 고통을 있는 그대로 바로 자각하면 고통은 흔적 없이 사라지고 그 속에 성품이 있음을 보게 되어 발심이 일어나게 되는데, 그래서 오히려 춥고 배고플 때 발심이 일어난다고 했던 것이다.

한편 지금 느끼는 어렵고 힘든 상황에서 발심이 일어나면 참성품을 친견할 수 있다고 하는 것은 고통에서 벗어나려는 간절한 자각으로 크게 막히는 곳에 크게 열리는 길이 있기 때문이다. 그래서 한결같이 조사들은 이마에 '간절 절切'자 한 글자를 써 붙이고 다니라고 했다. 달마 스님께 어느 날 혜가 스님이 찾아와서 묻기를 '저의 마음이 심히 괴롭습니다. 편안하게 해주십시오'라고 했더니 달마 스님은 '그러면 괴로운 마음을 내놓으라'고 했다. 혜가는 순간 돌이켜 찾아보았지만 흔적도 없다는 사실을 깨닫고 아무리 찾아봐도 찾을 수 없다고 대답하니 달마 스님은 '이미 그대의 마음을 편안케 해주었노라'고 했다. 이것이 바로 부처님의 세 번째 성스러운 가르침인 멸성제이니 마음이 본래 부처이기 때문이다.

이와 같이 눈앞에 천 가닥 만 가닥 꼬여 있는 고통의 현실은 실제로 존재하는 것이 아니라 느낌만 있는데 보통 사람들은 허망한 분별심으로 실재한다는 착각 속에서 늘 괴로워하고 있다. 그래서 깨달음을 법칙으로 삼아 괴로움을 벗어나는 것이 간화선 수행의 목적이지만 참으로 발심이 없는 사람은 화두에 의정이 일어나지 않기 때문에 생사가 바로 목전에 달려 있다는 간절한 발심이야말로 간화선의 생명이다. 또한 출가할 때는 누구나 생사 문제가 급해서 입산을 했지만 세월이 갈수록 공부에 진전이 없고 날카로운 마음이 무뎌지면 재발심을 해야 한다. 생사가 호흡지간에 달려 있으며 출가할 때 눈물을 흘렸던 부모님의 은혜를 생각하면서 이번 생에 깨치지 못하면 사람 노릇을 포기하겠다는 간절한 발심을 다시 일으켜야 한다. 참으로 무상보리심을 일으킨 사람 앞에서는 화두에 의정이 일어나지 않는다는 말을 하면 이해할 수 없으며 살아 있어도 죽은 사람과 같기 때문이다. 이것은 부처님의 네 번째 성스러운 가르침이며 여덟 가지 바른 길인 팔정도의 수행으로 화두가 바로 팔정도인 정혜쌍수의 바른 길이기 때문이다.

지금 자기가 처한 현실이 사방을 둘러봐도 더 이상 어쩔 수 없는 장벽에 갇혀 있다는 절박함 속에서 화두에 의정이 일어나면 일체 흐르는 생각이 일시에 정지되고 고통의 전모가 바로 드러나게 될 것이다. 그러면 처해 있는 고통의 현실이 보이게 되고 세상은 혼자서 사는 것이 아니라 모든 것이 서로 관계 속에서 존재한다는 연기법의 가르침에 눈을 뜨게 된다. 마치 바위덩어리에 뿌리를 내린 소나무처럼 고통 속에서 한 가닥 활로를 찾은 셈이어서 아직 넉넉하지는 않지만 서서히 삶을 긍정하여 무명의 바윗덩어리를 깨고 머지않아 대지에 당당하게 뿌리를 내릴 수 있을 것이다. 이것이 바로 부처님께서 깨달은 연기법이며 간화선 수행의 목적과 둘이 아니기 때문이다.

또한 이제까지 임시적으로 존재하는 몸이 전부인 양 착각하여 몸과 마음이라는 차별의식을 가짐으로써 시작된 고통의 현실이 점차로 개선되어 엷어지게 된다. 한편 몸은 마음의 그림자이지만 마음 또한 몸을 떠나서 존재할 수 없다는 중도연기의 이치를 깨닫게 되어 현실을 있는 그대로 받아들이게 되고 소통이 이루어져서 점점 사는 재미를 느끼게 된다. 이것이 간화선을 처음 시작하면서 나타나는 효용이니 간화선이야말로 복잡한 생활

속에서 누구나 실천할 수 있는 가장 간단하고 빠른 수행의 지름
길이며 행복의 문이기 때문이다.

하지만 여기에 만족할 수 없는 것은 분명하게 이렇게 눈앞에
서 신령스럽게 작용하고 있는 한 물건은 부정할 수 없는 사실이
어서 한번 규명해 봐야 하는 것이니 이 길을 떠나는 것을 조사관
을 뚫는 화두 참구라고 하며 참된 발심이라고 한다.

고려 말의 대선지식이었던 나옹 선사는 친한 친구가 죽어서
마을 훈장을 찾아가 도대체 친구가 어디로 갔느냐고 물었지만
대답을 듣지 못하자 발심 출가하여 대도를 성취하였다.

봄비 그치고 난 새벽
청개구리 울음소리
여명을 나투고 있다.

30

소식이 끊어진 지 오래되어 궁금해하다가
풀 속으로 날아간 물고기를 잡아다 다시 매달아 두었더니
뼛속 깊이 맑은 바람이 일어난다.

중도정견의
확립과
세 가지
요긴함

언덕 위 수양버들은 휘늘어져 바람에 버들꽃을 날리고 연못
에는 금붕어들이 꽃잎처럼 한가로이 흐르고 있다. 언제나 사량
분별심을 떠나면 더없는 그윽한 시절이기 때문이다.

수행이라는 것은 다만 본래 청정한 마음을 회복하는 것일 뿐
그 밖에 성스러운 견해를 구하는 것이 아니다. 부처님께서 보리
수 아래서 깨달은 내용은 연기법으로 '연기를 보면 법을 보고

법을 보면 여래를 본다'고 했다. 모든 것은 홀로 존재하지 않으며 서로 의지하여 존재하므로 무아이며 공이라는 사실이다. 그래서 간화선에서도 마찬가지로 부처님과 조사의 깨친 세계가 다를 수 없는 것이다.

『육조단경』에서 본원자성이 본래 청정하다고 하는 것은 바로 연기법의 공상을 말하는 것이다. 그러나 비록 연기법이 공하지만 공한 연기법이기 때문에 자성이 없어 무너지지 않으니 수행한다는 핑계로 절대로 인과를 무시해서는 안 된다.

마음 밖에서 부처를 찾는 사람들은 수행의 공력을 들인 만큼 훈훈한 덕과 멋이 나오지 않고 항상 긴장되어 송곳처럼 뾰쪽하며 날카로움만 있을 뿐 마음을 쉬지 못한다. 그것은 아직 '마음이 본래 부처'라는 진정견해를 갖추지 못했기 때문이다. 일찍이 호흡이라는 말을 의심하여 숨을 쉬지 못했던 경험이 있어서 호흡법을 익혔더니 기운이 넘치고 오랫동안 등상불처럼 단정히 앉아 의젓해지니 몸에 대한 집착에서 벗어나기가 참으로 어려웠다. 발심은 했다고 하지만 아직 화두의 의정이 맺히지 않아 몸의 기운을 돌리는 것으로 수행을 삼으니 마음이 쉬어지지 않아 답답하고 괴로웠다.

보통 처음 수행하는 사람들은 화두를 제기하기가 어렵기 때문에 몸을 먼저 조복 받아야 한다고 하면서 억지로 오래 앉아서 몸과 싸우게 된다. 또한 죄업의 성품이 본래 공한 줄 알고 삼천 배를 해야 하는데 절 한다는 상에 걸리면 오히려 아만이 높아지기 쉽다. 한편 점 하나에 모든 것을 집중하고 일어나는 번뇌와 대상을 원수처럼 생각하여 죽여 없애는 것으로 공부를 삼아서 마치 술에 취한 사람처럼 혼미한 무기공에 빠진 사람도 있다. 이 모든 것이 마음 밖으로 부처를 찾아서 헤매고 있는 모습이니 참으로 안타까운 일이다.

그래서 달마 대사는 『혈맥론』에서 이르기를 '마음 밖에서 부처를 찾는 사람들은 공력을 가장 많이 쓰나 부처님의 거룩한 뜻을 거스르므로 종일토록 서둘러서 염불하고 경을 읽어도 정신이 어두워 윤회를 면하지 못한다'고 했다. 성품을 보지 못한 사람들은 피를 내어 경을 사경하고 종일 염불을 하며 하루 여섯 번 예불하고 오래 앉아서 눕지 않으며 널리 배워 많이 아는 것으로 불법을 알고 있으나 이는 오히려 부처를 비방하는 사람들이라고 했다. 이와 같이 중도정견을 갖추지 않는 수행은 삿된 소견만 기를 뿐 아무런 공덕이 없으며 아까운 세월만 낭비할 뿐이다.

부처님께서 깨닫고 나서 참으로 충격스러웠던 것은 일체 중생이 여래와 더불어 조금도 차별이 없는 원만한 지혜덕상을 갖추고 있다는 사실이었다. 그러므로 본원 자성이 본래 청정하다는 사실을 굳게 믿고 여기에 의지해서 수행하는 것을 여래청정선이라고 하며 모든 조사들이 깨달은 바도 이와 같다.

세상사가 참으로 무상하고 고통 아님이 없어 발심 출가를 했지만 공부길을 모르기 때문에 막막하고 답답한 것은 여전했다. 아직 선지식의 가리킴을 만나지 못하여 순수한 혈기로 신심을 놓치지 않으려고 여러 가지 방편을 통해서 마음을 다잡아 보았지만 혼란스럽기는 마찬가지였다. 그것은 마음이 본래 부처라는 확실한 믿음을 아직 성취하지 못했기 때문이다. 아무리 발심이 투철하다고 해도 마음이 본래 부처라는 진정견해를 성취하지 못하면 마치 과녁 없이 총을 쏘는 것과 같아서 수행에 아무리 공력을 들여도 진전이 없어 다시 방황하게 된다. 부처님의 최초설법인 사성제 가운데 멸성제가 도성제 앞에 있는 것이 바로 이

런 까닭이다. 이것은 바로 마음이 본래 부처임을 믿고 수행을
해야 한다는 가르침이기 때문이다. 그래서 고봉 선사는『선요』
에서 '의정은 믿음으로써 근본을 삼고 깨달음은 의정으로써 작
용을 삼는다' 는 것을 반드시 알아야 한다고 했다. 또한 믿음이
십 분이면 의정이 십 분이고 의정이 십 분이면 깨달음이 십 분이
라고 했다. 참으로 간화행자들이 가슴에 새겨야 할 만고의 철칙
이다.

　돌이켜 보면 일찍이 동진으로 출가하여 발심을 해서 기연이
있었지만 마음 밖에 특별한 것이 있는 줄 알고 다시 헤매다가 보
조 국사의『수심결』에 있는 '마음이 본래 부처' 라는 대목에서
크게 쉴 수가 있었으니 믿음의 성취야말로 수행의 전부이기 때
문이다. 본래 청정한 마음은 비록 어리석음에 빠져 헤매고 있는
범부라 해도 깨달은 부처와 아무런 차별이 없어 허공처럼 줄거
나 늘지도 않으니 마음이 본래 부처라는 믿음을 성취하여 수미
산처럼 흔들리지 말아야 한다. 그러면 눈앞의 일체 대상과 작용
속에서 마음이 나타나 나도 모든 부처님 가운데 한 사람이니 결
정코 규명하고야 말겠다는 대분심이 부모를 때려죽인 원수를

만난 것처럼 샘솟게 되어 의정은 자연스럽게 일어나게 된다. 이
것이 간화선의 출발선에서 반드시 갖추어야 하는 세 가지 요긴
한 것이니 많은 선지식들이 철저히 강조하고 있다.

깊은 밤 홀로 깨어 있는
소쩍새 울음소리
이 - 뭣고.

지혜광명이 솟아오르니 어둠은 흔적 없이 사라지고
만천하에는 하나 둘 진실이 드러나고 있다.

선지식 참문과
화두 결택

전제 : "개에게도 불성이 있습니까, 없습니까?" "없다."

단제 : "없다." "무." 조주의 뜻이 어디에 있기에 왜 없다고 했는가.

화두의 전체 내용을 전제라 하고 의정인 "무" 혹은 "어째서 무라 했는가"를 단제라고 하며 '있다'에 대한 '없다' 사이에서 전제는 물거품처럼 사라진다. 그러면 금강처럼 의단이 뭉치게 되어 '무'도 도저히 '무'가 될 도리가 없어 일체 사량분별을 끊어버리고 오직 모르는 것 하나만 역력히 드러나니 이것을 바로 활구라고 한다. 한편 '있다'를 '없다'가 바로 끊어버리는 순간

전광석화처럼 의단으로 뭉치고 일체 작용 그대로가 '무'가 되어 스스로 드러나기 때문에 따로 챙길 것이 없다. 또한 일체 사량 분별이나 일체 대상을 다만 바로 알아차리면 의정인 '무'가 드러나니 조주의 뜻이 어디에 있는지 눈앞에서 의정을 일으키면 곧 의단을 이루게 된다.

한편 의단이 뭉치면 마치 용광로와 같아서 일체 경계와 사량 분별을 바로 태워버려 흔적도 없다. 그러나 초심자들은 쉽게 의정이 일어나지 않으므로 반드시 전제를 들어서 단제인 '조주의 뜻이 어디에 있기에 왜 없다고 했느냐'고 화두를 제기해야 한다. 반드시 조주 선사의 의지를 깨달아야지, 말에 뜻이 있는 것이 아니기 때문이다. 그러면 점점 익숙해져서 단제인 '무'자만 가지고 제기하게 되고 더 익숙해지면 '무'가 도저히 '무'가 될 도리가 없어 '무'도 아닌 의단만이 현전하게 되며 느슨해질 때마다 가행의 방편으로 조주의 뜻이 어디에 있기에 어째서 '무'라고 했는가 하면서 채찍을 들어야 한다. 그러나 아무리 의정을 지으려고 해도 전제가 뭉치지 않고 펄펄 살아 있는데 단제만 가지고 어째서 무라 했느냐고 하면서 기름 짜듯이 하면 이것은 의정이 없어 상기병과 무기공밖에 얻을 것이 없다.

화두는 본래 깨달아야 비로소 무엇인지 알게 되어 참으로 이때부터 바른 화두를 제기할 수 있다. 하지만 아직 깨닫지 못했어도 마음이 본래 부처라는 믿음을 성취하면 깨달음과 다르지 않아 삼세가 현전일념으로 다가와 바로 화두를 제기할 수 있게 되는 것이다. 다만 믿음을 성취하기 위한 뼈를 깎는 과정이 필요한 것이니 물러나지 않는 신심과 대분심이 필요하다.

원적암에서 삼 년 결사를 하기로 약속하고 방부를 들이고 나니 서암 조실스님은 조주 선사의 '무' 자 화두를 일러 주었다. 그런데 고등학교 때 책을 통해서 '무' 자를 알게 되어 뒷산에 올라가서 입으로 '무' 자를 소리 내어 부르고 귀로 들으면서 일어나는 망상을 끊어버리면 편안했는데 이것은 바른 공부가 아니라고 했다. 부처님께서는 깨닫고 보니 일체 중생이 여래의 지혜와 덕상을 두루 갖추고 있다고 했으니 이것을 불성이라고 부른다. 불성은 범부에 있어도 모자람이 없고 성인에 있지만 더한 것도 아니며 육조 스님의 말씀처럼 남북이 없다. 본래 청정해서 일체의 지혜작용으로 나타나지 않을 때가 없지만 찾으려고 하면 흔적도 없다. 또한 마지못해서 불성이라고 하지만 이것에 대한 믿음을 성취해야 비로소 참선수행이 시작된다고 했다.

어느 날 학인이 조주 스님께 묻기를 '개에게도 불성이 있습니까' 하고 물으니 바로 '없다'고 대답했다. 이것을 조사공안이라고 하며 천칠백 가지가 있다. 조사선에서는 불법의 적적한 대의를 묻는 학인의 질문에 바로 직지인심의 가리킴을 주었는데 이것이 모범적인 답안으로 기록된 것은 『전등록』을 비롯해서 『벽암록』과 『무문관』 그리고 『선문염송』 등이 있다. 공안이란 관청의 문서를 말하는 것인데 임의로 조작하거나 바꿀 수 없듯이 조사들이 학인들에게 제시한 공안은 깨달음에 들어가게 하는 법칙으로 제시한 말씀이기 때문에 반드시 통과해야 하는 관문이다.

조사선에서는 조사가 가리키는 직지인심의 대답을 언하에 깨치지 못하면 학인들은 목에 가시가 걸린 듯이 고생을 하다가 제방의 선지식을 찾아가서 깨치게 되었는데 이것이 간화선의 연원이 될 것이다. 간화선은 선지식이 조사들의 모범 답안인 공안을 학인에게 제시하면 바로 깨치지 못한 학인은 이것이 화두가 되고 자기의 전 생명으로 다가오게 되어 꼼짝할 수가 없어서 결국 포기하거나 참구를 하지 않으면 안 되게 되어 있다.

화두란 전체 공안 가운데 하나 간택한 본참공안으로서 도를 배우는 학인들의 지금 눈앞에 절박한 일로 작용하여 일체 사량과 지해를 끊어버려 오직 참구하게 할 뿐인 일구이다. 또한 조사들이 깨친 적멸의 세계에서 나온 언어 이전의 소식이니 범부의 상식과 사량분별로써는 도저히 입을 댈 수가 없도록 장치되어진 자물쇠와 같아서 말길이 끊어지고 마음의 길이 끊어지지 않으면 결코 풀리지 않게 되어 있다. 그러므로 가지고 있는 재산의 전부인 일체 사량분별을 내려놓아야 비로소 화두를 획득하게 된다. 그러면 점점 업력이 녹아지고 한량없는 지혜를 구족하게 되어 무한한 행복을 누리게 되므로 화두를 하라는 것이다. 화두에 의정을 십 분 일으키면 십 분 부처이다. 왜냐하면 의정은 깨달음이 작용으로 나타난 모습으로 일체 사량분별을 끊어버리고 업력을 녹여내기 때문이다.

그러나 천칠백 공안이 모두 말 이전의 적멸한 세계를 가리키지만 지금 급박한 학인의 일로 사무치지 못한다면 '무' 자 공안

이라고 해서 결코 화두가 될 수 없다는 사실이다. 보조 국사는
『간화결의론』에서 설사 학인이 무자화두를 들고 수행한다고 하
지만 아직 사량분별의 뜻이 남아 있으면 본각에 이르지 못하니
다시 맛이 없는 활구 참구로 나아가기 위해서는 반드시 십종병
을 가려내서 절단해야 한다고 했다.

있다 없다는 유무의 알음알이를 내지 말고 참으로 없다는 없
음이라고 사량하지 말며 묘한 도리라는 알음알이를 짓지 말고
눈썹을 치켜 올리고 눈을 깜박이는 곳에서 깨달으려고 하지 말
며 말을 통해서 깨달음을 구하지 말아야 한다. 또한 아무 일 없
고 생각 없는 곳에 갇혀 있지 말고 화두를 들어 의심하는 곳으로
성품을 증명하지 말며 문자를 끌어다가 깨달음을 인증하지 말
고 오직 빈틈없이 화두를 제기하되 어리석은 마음으로 깨달음
을 기다리지 말라고 했다. 이것이 무자화두 열 가지 병으로 이
가운데 하나만 걸려도 '무자화두십종병'에 걸린 것이니 참으로
맛없는 활구를 지어가라고 당부를 했다.

오직 '있다'에 대한 '없다' 사이에서 양변이 문득 사라지고
눈앞에는 오직 알 수 없는 것이 홀로 드러나 단박에 의단이 뭉치

며 열 가지 병이 흔적 없이 사라진다. 이것이 바로 활구이니 반드시 본참공안 위에서 의심을 지을지언정 따로 의심하지 말아야 한다. 그래서 '무' 인 것이다.

참의사구란 의정은 있지만 아직 주객이 남아 있어 화두를 수시로 챙겨야 하니 이는 생사의 업을 짓는 것이다. 또한 의정으로 드러나는 불성의 오묘한 삼매를 취하여 맛을 즐기거나 의정을 통해서 스스로 불성을 증명하는 것으로 공부를 삼는 것이다. 아직 화두를 대상으로 챙기는 것은 유루의 일이어서 법상을 키우게 되고 결국에는 법의 결박을 벗어나지 못하게 된다.

활구는 스스로 드러나 바로 알아차리면 곧 의단을 형성하지만 사구는 화두를 대상으로 챙겨야 하니 챙기는 것은 아직 세간의 업을 벗어나지 못하기 때문이다. 한편 경을 보는 사람과 비교할 수 없는 수승한 지해가 생기니 이를 취하여 공부를 삼는 것이다. 또한 일체 경계와 작용 속에 '무' 라는 말을 소리 내거나 들으면서 아는 것을 불성으로 삼아서 이것이 지금 나의 전체작용인 불성이라고 스스로 증명을 삼는다. 그러면 알음알이는 늘어나지만 잠시 졸기만 해도 아는 것은 물거품같이 사라지니 아무런 힘이 없으며 점점 법상이 강화되어 마음을 쉬지 못하기 때문에 훈훈한 자비심이 나오지 않는다. 그래서 조사들은 활구 아래 깨달으면 영겁에 걸쳐서 잃어버리지 않고 사구 아래서 얻을 것 같으면 자신도 구제하기 어렵다고 했던 것이다.

육조 스님은 제자들에게 법을 부촉하면서 법을 설할 때는 반드시 대법을 취하라고 했으니 이것이 화두의 원리이다. '있다'에 대한 '없다' 사이에서 의정이 돈발하면 양변이 사라지고 중도가 나타나 의단이 맺힐 것이니 조주의 뜻이 도대체 어디에 있기에 없다고 했는지 간절히 의정을 일으켜야 한다. 대부분 화두가 대법으로 짜여 있으나 대법을 무시하면 양팔의 대법인 언구가 무너져야 뭉치는 의단을 형성하지 못하게 된다.

초심자들은 무조건 의심하라고 하니까 단제인 '무'자만 가지고 어째서 '무'라고 했느냐고 억지로 '무무무무무무' 하면서 들이댄다고 하면 정신을 핍박하는 죽은 사구가 되어 화두로서 생명을 잃어버리고 상기병과 무기공에 빠지게 된다.

조주 구지무불성화(狗子無佛性話) 화두의 살아있는 눈인 활구는 바로 '있다'에 대한 '없다'의 사이에 있다. 그런데 초심자는 단제인 '없다' 만 가지고 억지로 의심을 일으키면 아무런 생명력이 없기에 일상생활을 주재하지도 못하고 점점 멍청해지며 조금만 방심하거나 졸음에 빠지면 흔적 없이 사라져 버린다. 그러므로 초심자는 반드시 전제를 들어 단제인 조주의 뜻이 어디에 있기에 없다고 했느냐는 의정을 일으켜야 한다.

간화선의 생명력이 일상생활의 작용 속에서 오히려 활발발하고 역동적으로 나타난다고 하는 것은 불성의 지혜작용은 두루하여 시비분별하는 그곳이 바로 수행의 도량이 되기 때문이다. 또한 앞생각과 뒷생각이 일어나는 사이에서 순간 빈틈을 엿보아 바로 알아차리면 오직 알 수 없는 화두가 돈발하게 되는데 여기에서 바로 본참공안으로 다가와 의정을 일으켜야 한다. 그런데 참의정은 마음이 본래 부처이며 자성이 본래 청정하다는 불성에 대한 확실한 믿음을 성취해야 돈발하게 된다. 그러나 비록 발심이 되었다고 해도 믿음을 성취하지 못하면 밖으로 구하려는 업력이 공부를 장애하여 다시 길을 잃고 방황하게 된다. 그럴 때는 항상 생사의 일이 눈앞에 있음을 자각하고 속히 정각을 이루어 제도해 주기를 바라는 부모님의 은혜를 생각하여 다시 발심을 일으켜 본참공안으로 가져와서 의정을 맹렬하게 일으켜야 한다. 또한 마음이 본래 부처라는 믿음은 간화선의 기본이니 항상 점검하여 밖으로 구하는 업력을 쓸어버려야 한다.

조사가 말씀하시기를 '망상이 일어나는 것을 두려워하지 말고 깨침이 더딜까를 두려워하라'고 했다. 이것이 바로 화두 참구의 핵심이 되는 이치이다. 그러나 초심자들은 경계를 대하거나 망상이 일어나면 두려운 나머지 '어째서'나 '왜'라는 말을 앞세워 금방 끊어버리는 것으로 공부를 삼는다. 일어나는 망상이나 대하는 경계는 어떤 것이든지 좋거나 나쁜 것이 아니므로 먼저 있는 그대로 알아차리면 금방 흔적 없이 사라진다. 그러면 눈앞에는 홀로 알 수 없는 것이 돈발하는데 바로 본참 공안으로 가져와서 의정을 일으켜야 한다. 이것이 화두 제시의 첫 단계이다. 그러나 경계를 무시하고 따로 화두를 제시하면 화두와 경계가 둘이 되므로 더욱 혼란스럽거나 억지로 끊어버리니 몸과 마음이 핍박되어 상기가 되고 무기공에 빠지게 되어 오히려 멍청해진다. 그러므로 반드시 망상이나 대상을 취하지도 버리지도 말아야 하며 순수하게만 알아차리면 바로 이때 경계는 흔적 없이 사라지고 오직 알 수 없는 것이 홀연히 출현하여 눈앞에 현전하게 된다. 이 순간을 포착하면 여기가 더 이상 물러날 수 없는 자리이므로 바로 '무' 자를 제시하면 의단이 맺히게 되고 더욱 순일하면 화두삼매로 나아가게 된다.

어떠한 화두를 제시하더라도 이것이 간화선의 핵심이니 무시하면 지혜를 얻기는커녕 자기 성질 하나도 다스리지 못해서 간화행자를 비방하고 무시하게 된다. 그러나 초심자들은 잠깐 의정이 맺히더라도 금방 망상이나 대상에 휘말려서 화두를 잃어버린다. 그러면 '어째서' 나 '왜' 라는 말을 앞세워 망상이나 대상을 끊어버리고 억지로 의정을 일으키는 습관에 휘말리게 되는데 이것은 참다운 공부가 아니다. 바로 이때 두려울 것이 없는 것은 화두를 잃어버린 줄 분명하게 알아차리기만 하면 바로 다시 의단이 형성되어 공부가 순일해지기 때문이다. 그러므로 '어째서' 나 '왜' 라는 말은 화두가 순일하다가 느슨해지면 조주의 뜻이 어디에 있는지 거듭거듭 제시하여 화두삼매로 나아가기 위해서 제기하는 방편의 말이 되어야지 억지로 의정을 일으키려고 쥐어짜는 말이 되어서는 안 된다. 흔히들 화두를 챙긴다고 말하는데 챙긴다는 말은 일어나는 망상이나 대상을 떠나서 따로 화두를 제시한다는 말인데 이것은 법상을 세우게 되어 수행의 공력이 깊어질수록 더욱 아상이 높아지고 뾰족하여 훈훈한 자비심이 나오지 않는다.

불성은 일체 경계에 두루하여 나타나지 않는 곳이 없으므로 믿고 바로 알아차리기만 하면 바로 의단으로 형성되어 화두삼매로 나아가게 된다. 그러나 아직 믿음을 성취하지 못하면 일어나는 망상이나 대상을 순수하게 알아차릴 수 없고 이것 밖에 특별한 법이 있는 줄 알기 때문에 챙기려는 속성인 세간법을 벗어나지 못한다. 그러므로 초심자는 망상이 치열하게 일어나면 잠시 불보살의 명호에 의탁할지언정 마음 밖에서 따로 화두를 챙겨서는 안 된다. 이것이 간화선에서 화두를 결택하는 핵심이다.

마음이 본래 부처라는 확실한 믿음이 성취됨과 동시에 공부의 세 가지 요긴함이 되는 나도 모든 부처님 가운데 한 사람이니 기필코 깨달음을 성취하겠다는 대분심과 간절한 마음으로 한 치의 틈도 없는 대의정을 자연히 갖추게 된다. 그러면 밖으로 구하는 마음이 쉬게 되어 흐르는 생각들이 멈추고 오직 삼세가 현전일념을 이루니 바로 돌이켜 화두의 의정을 일으키면 곧바로 마음을 규명하는 작업에 착수하게 된다.

이제까지는 맹목적인 발심이었다면 이제부터는 분명한 목표물인 마음이라는 과녁이 눈앞에 나타났으므로 더 이상 헤매지 않게 되어 안정이 이루어지고 오직 화두의 의정을 간단없이 밀고 나가면 되겠다는 확신이 서게 된다. 하지만 아직 수행의 첫걸음이라서 조금만 방심을 해도 익혀온 묵은 업력에 휘말리게 되며 화두가 순일하지 못하게 된다. 그러므로 끝없이 부서지는 조각난 공부가 되어 하루종일 몸과 싸우고 망상과 대치하느라 피곤하고 저녁에는 그냥 혼미하여 졸음에 떨어지게 되는 것이 초심자의 절망이다. 그러나 자전거를 타는 사람이 처음 배울 때는 엎어지고 깨지는 일이 있지만 익숙하게 되면 두 손을 놓을 수 있듯이 공부도 마찬가지니 결코 물러나서는 안 된다. 그래서 대혜 스님은 『서장』에서 '무시이래로 익은 생사업은 설게 하고 이제 시작하는 화두 공부인 반야의 업은 익게 하라'고 누누이 경책하고 있다.

처음 발심하여 암자에서 수행하던 시절 낮에는 일을 하거나

탁발을 하고 밤에는 눕지 않고 장좌불와를 한다고 모진 다짐을
했지만 깨고 보면 고개가 땅바닥에 처박혀 있어 오늘도 속았다
는 생각에 끝없는 절망으로 죽고 싶은 심정이 한두 번이 아니었
다. 그러나 조실스님은 잠을 서너 시간 자고 맑은 정신으로 화
두를 챙겨야 한다고 경책하면서 너무 고행을 하면 밤에 피로해
서 잠에 떨어지니 수행하는 사람은 일을 너무 고되게 해서 화두
를 놓치면 안 된다고 했다. 그런데 확실한 것은 마음이 본래 부
처라는 믿음이 성취되고 나니 예전처럼 사량하여 밖으로 구하
는 마음이 없으니 더 이상 헤매지 않는다는 것이었다.

한편 아무리 발심이 되었다고 하더라도 마음이 본래 부처라
는 신심을 갖추지 못하면 급한 마음이 앞서게 되어 용맹심으로
밀어붙이지만 상기가 오르고 마음 밖에서 부처를 찾기 때문에
아무런 소득이 없으며 허송세월만 보내게 되니 신심이 얼마나
귀한 일인지 비로소 깨닫게 되면 참선수행의 기본이 확립되는
것이다. 그러면 삼세가 현전일념으로 나타나 바로 의정으로 돌
이키면 걸음마다 의단이 형성되어 곧 득력하게 될 것이다. 조사
들이 마음이 본래 부처라는 신심만 성취하면 이 공부는 곧 성취

한다고 했기 때문이다. 오직 신심이 중요하다는 사실을 비로소 깨달으면 참으로 순풍에 돛을 다는 듯이 공부가 수월해질 것이다. 그러나 보통 수행한다고 하는 사람들은 자기 마음이 참부처이고 자기 성품이야말로 참다운 법인 줄 모르고 끝없이 밖으로 구하기 때문에 공력은 한량없지만 세력이 다하면 다시 떨어지는 화살처럼 힘만 낭비하고 훈훈한 수행의 공덕이 나오지 않는다.

조주 스님께서 어느 날 상당하여 이르시기를 "진흙으로 만든 부처는 물을 건너지 못하고 나무로 만든 부처는 불을 피하지 못하며 쇠로 만든 부처는 용광로를 지나가지 못하니 참부처는 지금 설법할 줄 알고 들을 줄 아는 그대의 본래 마음"이라고 했다.

숲속에는 새들이 옥구슬을 굴리고
졸음에 빠진 바다에 숭어가 뛴다.

중국 7원의 불청객 황사가 연례행사처럼 찾아와
하늘과 바다는 뿌연 안개에 갇히고
마음 길이 함께 끊어져 화두삼매 불덩어리 허공을 태운다.

일념참구

세상의 욕망과 부모 형제를 버리고 출가한 수행자는 연밭을 스치고 지나가는 바람처럼 허허롭게 길을 떠나야 한다. 그러면 처처에서 그를 만날 수 있기 때문이다. 순백의 향기를 해풍에 실어 멀리 육지로 보내는 찔레꽃에서 그를 만나고 산모퉁이 돌아서면 티 없는 동심으로 빨갛게 익은 산딸기에 빙그레 미소 짓는 그를 만난다. 그러나 이제 그는 나이지만 나는 이제 그가 아니다. 하나이면서 둘인 줄만 알고 둘이면서 하나인 줄 모르면 참이치에 계합할 수 없기 때문이다.

마음이 본래 부처라는 사실에 의혹이 사라지고 확실한 믿음이 결정되고 나면 바로 의정이 돈발하여 이 몸은 인형처럼 보이고 세상에서 익숙한 재미있는 일은 아무런 의미가 없다. 오로지 사랑하는 외아들을 군대에서 사고로 잃은 어머니가 자식 생각이 간절하여 꿈속에서라도 한번 보고 싶은 지극한 심정으로 헛소리를 지르는 것처럼 의정이 샘솟게 되는데 이것을 참의정이라고 한다.

'내가 나를 모르면서 울고 웃으며 하루를 사는 것이 참으로 답답하고 슬프구나. 도대체 나의 주인공은 어떻게 생겼는가. 하늘을 보고 땅을 봐도 이것을 모르니 온통 부끄러울 뿐 고개를 들고 다닐 수 없구나. 한없이 무상하고 티끌 같은 세상에 어쩌다 운이 좋아 망망한 바다의 눈먼 거북이 널빤지를 만나듯 사람 몸을 받아 불법을 만났는데 이 몸을 금생에 제도하지 못하면 어찌 다음 생을 기약할 수 있겠는가. 참으로 억울하고 분한 마음에 피눈물이 흐르는구나.'

생로병사의 성난 파도가 휘몰아치는 인생고해에서 하루를 사는 것이 마치 침몰하려는 배의 닻줄을 거머쥐어 살려고 발버둥치는 모습이니 참으로 난국을 벗어나려면 간절하게 화두를 챙겨야 한다.

추위가 한바탕 뼛속 깊이 사무쳐야 코를 찌르는 매화꽃 향기를 맡을 수 있다고 했던 황벽 선사의 말씀처럼 오로지 화두를 섬으로 삼고 간절한 의정을 생명줄로 삼아 생사대사의 거센 물결을 거슬러 올라가야만 한다. 만약 오르다가 번뇌의 거센 물살에 지쳐서 다시 떠밀려 내려오더라도 다시 오르기를 만 번이나 거듭하여 혼신을 다한다면 어느덧 밀려난 자리에서 다시 나아가려는 찰나에 반야선을 타리라고 했기 때문이다. 이와 같이 화두는 생사대사를 건너가는 반야의 배와 같아서 조사들은 화두가 없는 사람은 죽은 시체와 같다고 했다.

화두 참구는 마치 연어들이 태평양으로 나아가 지구 반 바퀴를 돌아서 끝없이 거친 물결을 거슬러 고향으로 오르는 동안 수없이 죽을 고비를 넘기고 끝내 본래 고향으로 되돌아오듯이 생사윤회의 거친 물살을 거슬러 오르는 험난한 작업이다. 만약 해태심이나 현애상이 일어나 공부에 진전이 없을지라도 결코 물러나거나 포기해서는 안 된다. 마치 보배구슬을 바다에 빠뜨린 사람처럼 바닷물을 다 퍼서라도 건지고야 말겠다는 용맹심으로 끝까지 밀어붙여 기필코 마음의 본고향을 회복해야 하기 때문이다.

부처님께서는 깨달음을 얻기 위해서 처음엔 참으로 간절한 마음으로 난행과 고행을 하고 마지막에는 선정주의자를 만나서 비상비비상처정이라는 최고의 선정에도 들어 보았지만 모두가 마음을 밖에서 구하여 들고 남이 있는 유위의 길이었다. 그래서 조작으로 이루어진 공부는 끝내 무너지고 만다는 것을 통렬하게 반성하여 그간의 수행은 모두 버리기로 하고 이제 마지막이라는 심정으로 보리수하에 앉아서 결판을 내기로 마음먹었다. 그것은 바로 끝없이 밖으로 흐르는 생각을 돌이켜 안으로 회광반조하는 길이었으며 마침내 새벽별을 보고 정각을 이루었으니 곧 별을 볼 줄 아는 마음을 깨달은 것이다. 그러나 깨닫고 보니 일체 중생이 여래와 더불어 조금도 차별이 없는 원만한 지혜덕상을 갖추고 있었으니 이것이 바로 여래청정선이며 역대 조사들의 깨달음인 조사선과 둘이 아니다.

원적암에 이르자 조실스님은 나이 어린 동자스님이 공부하겠다고 이 깊은 산중까지 찾아온 것이 기특하고 대견스러운데 어떤 물건이 몸뚱이를 끌고 왔는지 한마디 일러보라고 했지만 첫

마디에 꽉 막히고 말았다.

그러고는 여기에서 공부를 하려면 적어도 삼 년 동안 내려가지 않겠다는 서약을 하면 방부를 허락하겠노라고 했다. 암자의 살림살이는 가난해서 탁발을 했지만 아직 한창때라서 늘 배가 고팠다. 그러나 여러 차례 몽중에서 산삼을 얻어먹는 기이한 일이 있었는데 조실스님은 더욱 정진하라는 격려라고 했다.

한편 낮에는 산에 가서 나무를 하며 채전을 가꾸고 때때로 마을로 내려가서 탁발을 해가며 일구월심으로 무자화두를 참구했지만 왕성한 혈기를 누르지 못해서 참으로 어려웠다. 또한 어린 나이에 깊은 산중에 홀로 지내는 때가 많아서 두렵고 외로운 마음이 앞서니 화두가 제대로 될 리가 없었다.

그런데 어느 날 한 무리의 군인들이 산에서 총을 가지고 내려오면서 위협하며 지나갔는데 알고 보니 광주사태의 여파였다. 부처님께서 수행하라고 학교를 그만두고 우복동이라는 청화산에서 사태를 피하게 해주셨다는 생각을 하니 가피에 참으로 감사드리게 되었다. 그래서 더욱 무상한 마음에 발심이 일어났지만 고독한 마음에 부모 형제가 너무나 그리웠다. 하지만 뒷에 갇힌 산짐승이 독기가 올라서 죽기를 각오하고 앞으로만 달리듯이 대분심과 용맹심을 냈다. 그런데 넘치는 혈기를 누르려고 고행으로 추운 겨울에 냉수욕을 오래 했더니 상기병이 걸려서 도저히 의정은 일어나지 않았고 상기와 싸워야 해서 감옥에 갇힌 죄수처럼 이놈의 무자화두가 참으로 원망스러웠다. 이놈만 해결하면 대박이 터져 인생길이 훤하게 열릴 것 같은데 너무나 막막했기 때문이다.

지금 돌이켜보면 무자화두십종병에 더하여 한탕주의마저 있었으니 한 번도 제대로 된 의정을 짓지 못했던 것 같다. 또한 어린 나이에 발심해서 다행히 선지식이 가까이 있었지만 무엇을 물을 줄도 모르고 지시를 해줘도 점검할 줄 몰랐기 때문이었다. 이제 돌이켜보면 발심이 되어도 마음이 본래 부처라는 믿음을 성취하지 못하면 하루종일 총을 쏘지만 과녁이 없으니 헛방으로 한 번도 의단이 형성되지 않았던 것이다. 해태심이 일어나 화두를 놓쳐 졸음에 빠질 때는 죽고 싶은 절망감으로 어미 잃은 한 마리 산짐승처럼 눈 덮인 온 산천을 헤매야만 했다.

이렇게 간절한 마음으로 무자화두를 참구했더니 삼 년 세월이 다가오는 어느 날 몸과 마음이 무너지고 잠이 달아나는 경계를 얻어 그 기쁨이 한량없었다. 그래서 처음으로 가사장삼을 수하고 '제가 무자를 해결했다'고 조실스님으로부터 점검을 받았더니 주머니에 여러 가지 물건이 있는데 요구하는 대로 꺼내야 하지 늘 주머니만 보인다고 하면서 식광으로 나타난 경계라고 하였다. 그리고 다시 한 번 무자화두를 거듭 일러주었다.

그러나 벙어리가 꿈을 꾼 것처럼 말을 할 수는 없으나 분명하게 얻은 것이 있고 잠이 사라져서 밤낮이 한결같으니 그 경험을 버리고 다시 화두를 제기하는 것이 참으로 어려웠다. 그래서 봉암사 선방 개원 첫 철에 다각 소임으로 참여하여 훌륭한 구참스님들과 함께 정진을 했다. 하지만 얻은 식광의 기운을 떨치지 못하여 알음알이가 생기고 잠을 자거나 좌선을 하면 거울처럼 나타나는 자신의 모습을 떨칠 수 없어 바른 화두를 제시하지 못했다.

그런데 여기에서 더 나아가지 못하고 군대에 불려가게 되어 참으로 억울했지만 남은 시간이 있어 선지식을 친견한다고 우선 통도사 극락암에 주석하시던 경봉 선사를 찾아갔다. 어디서

왔느냐고 물어서 봉암사에서 왔다고 했더니 재차로 묻기를 '그러면 봉암사에는 봉이 몇 마리나 있더냐'고 물었다. 바로 대답을 못하고 한참 뜸을 들이니 병든 노구를 일으키며 전삼삼후삼삼이라고 어째서 말을 못하느냐고 다그치며 '낙처가 어디에 있느냐'고 다시 물었지만 활로를 얻지 못했다. 하지만 선지식의 자비를 온몸으로 느끼는 참으로 귀한 참문이었다. 그리고 도반스님과 함께 지유 스님과 진제 스님, 송담 스님을 친견하고 다시 송광사로 돌아와서 한 달 동안 노전 소임을 보며 무사제대 기도를 했다. 한편 방장이신 구산 선사에게 경허 스님의 열반송 가운데 끝 구절인 '다시 이것이 무슨 물건인가'를 물었다. 그랬더니 "내일 일러 주겠다"고 지시해 주었지만 활로를 얻지 못하고 군대에 가게 되어 둔한 근기가 참으로 원망스러웠다.

한편 봉암사 서암 조실스님은 전방부대까지 찾아와 면회를 해주셨는데 다시 선방에 삼 년 입제한 것과 같으니 편안한 선방에서 공부하는 것은 평지에서 죽은 사람과 같다고 하면서 오히려 필필 살아서 요동치는 삶의 현장에서 큰 힘을 얻어야 한다고 끝까지 공부를 격발시켜 물러나지 않게 해주었다. 참으로 선지식의 은혜가 부모의 은혜를 능가한다는 말이 뜨겁게 다가왔다. 하지만 법명처럼 최전방의 일선에서 근무하여 고된 훈련을 받으며 화두를 제기하는 것이 참으로 어려웠다. 또한 군인이 되었으면 식광이 깨져버려서 차라리 보통 사람처럼 고통이 몰려와야 화두를 제기할 수 있는 분이 생기는데 아무리 깊은 잠을 자도 한숨도 안 잔 것처럼 말똥말똥 깨어 잠의 흔적이 없으니 옆의 사람은 이해가 안 간다고 했다. 그런데 속으로는 답답해서 빨리 벗어나려고 기행을 해봐도 벗어날 수가 없었으니 중도 아니고 속도 아니어서 아까운 세월만 보내게 되었다. 이렇게 일 년 가까이 지나니 소문이 나서 부대 내 법당을 마련해줘서 신병들을 위한 법회를 주관하게 되었는데 이때 많은 포교를 하게 되었으니 식광으로 나타난 작은 지혜가 헛되지는 않았다.

그런데 구산 선사가 입적하던 해 제대를 며칠 앞둔 추운 겨울날 마지막 철책선 경계초소 위문을 마치고 돌아오는 길에 큰 사고가 났다. 차가 언덕에서 굴렀는데 다행히 크게 다치지는 않았다. 그러나 큰 사고를 당했으니 식광의 기운이 꿈을 깨듯이 사라져야 활달한 정신으로 화두를 제기하는데 그래도 아무 일이 없었다는 듯이 사라지지 않으니 공부할 명분을 찾지 못하고 그만 제대를 해야 했다.

제대를 하고 경복궁 앞에 있는 법련사에서 다친 몸을 추스르고 있는데 어느 날 청년회에서 마련한 선화에 대한 법회가 있어 류시화 시인이 함께 들어보자고 안내를 해주었다. 내용은 '어떤 사람이 병 속에 새를 길렀는데 점점 자라서 이제 꺼내야 하지만 병도 깨지 말며 새도 다치게 하지 말고 꺼내야 한다'는 그림 설명으로, 처음 듣는 화두였다. 그런데 듣는 순간 나도 모르게 허공이 찢어지듯이 벽력같은 '할'을 하며 "나왔다"고 도량이 떠나갈듯이 소리를 질렀다. 참으로 몇 년 동안 깨지지 않고 답답했던 식광이 흔적 없이 사라지고 활달해지니 맑은 정신이 비로소 드러나서 드디어 공부할 명분이 생기니 이제야 살 것 같았다. 또한 어른스님들 앞에 가면 나도 모르게 선문답이 나와 시자들에게 봉변을 당할 뻔했는데 지해병이 사라졌기 때문이다.

아무리 깊은 잠에서 깨어 있는 맑은 식광이라도 성품을 장애하는 마장이어서 깨지고 나니 천 근이나 되는 무거운 짐을 일시에 내려놓은 것 같았다. 한편 나중에 알고 보니 이 화두는 마조 선사의 제자인 남전 스님에게 육궁이라는 관리가 '병 속의 새'라는 우화를 질문한 내용이었다. 이에 남전 스님이 육궁 대부를 크게 부르니 놀라서 그만 "네"라고 대답했다. 그러자 남전 화상은 "새는 이미 나왔네"라고 했다는 내용이었다.

그 후 지난 시절을 돌이켜보니 어린 나이에 출가하여 맑은 경계인 식광의 덮임을 입어 무기공에 빠져서 공부할 명분을 찾지 못해서 답답했다. 그런데 전방에서 생활하게 되어 죽을 고비를 넘기고 많은 전우들이 사고로 죽어 가족들의 울부짖던 모습들에서 비로소 세상이 고통임을 알게 되었으니 재발심이 일어났다. 또한 산에만 있을 때는 생사 문제에 목덜미를 잡혀서 억울한 마음에 이 문제만 해결되면 세상에 나가서 한바탕 멋지게 살리라고 다짐하면서 깨달음을 대박으로 삼았는데 이제 세상의 고통을 알게 되어 무상한 마음으로 괴로움에 대한 철저한 자각이 일어났다.

그동안 동진으로 출가하여 수행한다고 했지만 요달하지 못한 것은 이기심 때문이라는 반성이 일어났다. 참으로 자비심을 발하지 않으면 수행한다고는 하지만 더욱 옹색해지고 자기의 성격 하나도 고치지 못한다는 사실에 다시 한 번 절망하지 않을 수 없었다. 그러므로 간화행자는 세상의 아픔을 자기의 아픔으로 삼아 반드시 자비심을 발해야 하며 깨달음을 대박으로 삼아 일신의 편안함을 구해서는 안 된다.

그런데 무자화두를 들었는데 엉뚱하게 '병 속의 새'라는 화두에서 기연이 온 것을 이상하게 생각하다가 나중에 고봉 스님의 『선요』를 보고 비로소 이해하게 되었다. 고봉 스님은 무자화두를 들고 삼 년 죽을 기한을 정해서 용맹정진했지만 한 조각을 이루지 못해 깨치지 못했다. 그런데 다시 '만법귀일 일귀하처'라는 화두에서 힘을 얻었고 깨치기는 삼탑각에서 '송장을 끌고 다니는 놈이 무엇이냐'는 화두를 깨치게 되었다. 그래서 나와 비슷한 기연이라는 생각 때문에 봉암사 조실스님을 찾아가 점검을 받으니 이제부터 다시 한 번 죽을 각오로 화두를 들고 정진을 하라고 했지만 삼매의 법열이 오래 지속되어 시내에서 동중 공부를 해도 되겠다는 생각에 시민선방을 운영하기로 했다. 그러나 참으로 이제부터 공부기 시작되는 줄 모르고 방심하다가 한동안을 다시 방황하게 되었다. 그것은 돈오했다는 생각을 해서 그런 것으로 성철 스님의 『선문정로』에서는 한번 돈오할 것 같으면 영원히 어둡지 않으며 다시 물들지 않는다고 했는데 그것이 아니었기 때문이다.

그런데 문제는 '병 속의 새'를 깨닫기 전에는 무자화두를 한다고 삼 년 동안 죽을 고생을 하고 또 식광을 떨치지 못해서 삼 년을 고생했지만 마음을 모르고 미혹 속에서 어리석은 생각으로 화두를 들었기 때문에 실제로는 한 번도 화두에 의정이 없었던 것이다. 그러나 기연을 맛본 뒤로는 일어나는 망상과 일체 경계 속에서 자연스럽게 함께 드러나는 것이 있었다. 하지만 돌이켜 얻으려고 하면 흔적도 찾을 수 없다는 사실이었다. 그래서 이것이 도대체 무엇인지 자연스럽게 '이뭣고' 화두를 제기하게 되었다.

'이뭣고' 화두에서 '이'란 망상이 일어나거나 일체 경계와 함께 하여 나타나지만 바로 알아차리면 경계는 흔적 없이 사라지고 눈앞에는 알 수 없는 한 물건이 바로 현전하는데 이것은 마조 선사의 가르침처럼 마음도 아니고 부처도 아니며 물건도 아니다. 육조 스님이 의발을 빼앗으러 달려온 장군 출신 혜명 스님에게 '선도 생각하지 말고 악도 생각하지 말라 이러할 때 어떤 것이 그대의 본래면목인가' 하고 물으니 혜명 스님은 언하에 깨달았다. 그러고 나서 소감을 말하기를 어떤 사람이 물을 마심에 차고 더운 것을 스스로 안다고 했다. 한편 남악회양 스님은 육조 스님을 찾아가 "어떤 물건이 이렇게 왔는가"라는 한마디에 꽉 막혀 팔 년을 참구하였다. 그리하여 깨닫고 나서 다시 찾아가 설사 한 물건이라고 해도 맞지 않는다고 대답하니 이에 육조 스님은 닦아 증득하는 바가 있느냐고 다시 물었다. 그래서 남악회양 스님은 닦아서 증득한 바는 없지 않으나 물들여 더럽힐 수는 없다고 했다. 이에 육조 스님은 물들여 더럽힐 수 없는 것이 모든 부처님과 너와 나의 본원이라 하며 바로 인가를 했다.

이것이 '이뭣고' 화두의 유래이니 그래서 '이' 가 도대체 '뭣고' 이다. 여기에서는 '이' 와 '뭣고' 사이에서 바로 의정이 돈발하여 양변이 사라지고 마음도 아니고 부처도 아니며 물건도 아닌 오직 모를 뿐인 활구만 현전하는데 알 수 없으니 '이뭣고' 라 하는 것이다.

이와 같이 한번 크게 엎어지고 나면 화두는 스스로 드러나는 것이며 양팔의 언구는 바로 적멸해 버리니 달을 가리키는 손가락일 뿐이다. 그런데 스스로 드러나는 자연화두가 아닌 조사의 언구만을 가지고 화두를 챙기는 것은 조작이어서 졸면 금방 사라지고 법상만 키우며 뾰쪽하여 훈훈한 자비심이 나오지 않는다. 하지만 마치 연주자가 작곡가의 악보를 생명으로 삼아 끝없이 피나는 연습을 하여 득음을 하듯이 물러나지 않는 신심과 대분심을 일으키면 반드시 기연을 만나게 된다.

한편 화두는 공적영지한 성품을 바로 드러내는 일구이므로 반드시 사량하지 말아야 하며 의정과 언구와 참구하는 사람이 삼위일체가 되어야 한다. 발심한 간화행자는 말을 좇아서 사량분별하지 말고 조사의 뜻을 얻기 위해서 화두에 끝없이 의정을 일으켜 본을 떠야 한다. 그러면 어느덧 간절한 마음에 한 코의 의정이 성품과 일미평등을 이루고 바로 계합하여 와지일성의 기연이 찾아오기 때문이다. 하지만 기연이란 수행이 익을 대로 익어서 밖의 대상을 만나서 둘이 아닌 경계를 이루는 순간을 말하는 것으로 밖으로부터 찾아오는 것은 아닌 것이다. 그러므로 기다리는 마음으로 깨달음을 구해서는 안 된다.

한편 병 속의 새가 나온 뒤로는 대혜 스님 『서장』의 가르침처럼 일어나는 번뇌와 일체 경계를 바로 알아차리면 도저히 회피할 수 없는 것이 눈앞에 나타났다. 그래서 버릴 수도 없고 그렇다고 얻을 수도 없는 진퇴양난에 빠지게 되었는데 이것이 바로 화두였다. 그러나 반드시 조사의 뜻을 얻어야 하는데 그러하지 못하니 참으로 답답했다. 한편 모든 조사공안이 바로 이것을 가리키고 있지만 눈앞에 절박한 자기의 일로 다가오지 않으면 화두가 될 수 없다.

서암 선사는 이제 견처를 얻어 화두가 드러나 들려고 하지 않아도 자연스럽게 들리니 비로소 득력을 했다고 하면서 다시 죽을 각오로 화두를 들고 정진해야 한다고 했다. 그런데 성철 스님은 『선문정로』에서 반드시 오매일여를 거쳐야 깨달음이라고 했는데 오매일여가 한 번도 되지 않았으나 병 속의 새가 나와서 눈앞을 떠나지 않았다. 또한 이것을 도저히 버릴 수도 없으니 어떻게 다시 화두를 들어야 온전한 깨달음이 오는지 헤매게 되었다. 하지만 망념이나 경계를 대하여 휘둘리거나 지독한 상기 기운이 일 때도 '이것'과 함께 하고 있어 알아차리고 화두의정만 바로 제기하면 붉은 화로에 눈 녹듯이 사라지고 금방 편안해졌다.

자연스러운 의정 없이 억지로 '무' 자를 했을 때 맛보지 못한 전혀 새로운 경험이었다. 참으로 귀한 보배를 얻은 것은 사실이어서 일체 경계 속에 바로 나타나지만 이것을 마음대로 잡아 쓸 수가 없다는 것이 또한 새로운 큰 병을 얻은 것 같았다. 그래서 먼저 깨달아야 비로소 화두를 바르게 제기할 수 있고 오매일여가 될 텐데 어떻게 먼저 깨달음 없이 오매일여를 성취하는지 아직 확신이 서지 않았기 때문에 두 선사의 가르침에서 다시 방황하게 되었다.

그러나 망상이나 경계에 붙잡혀 괴로워 화두를 제기하면 눈 녹듯이 사라지니 다시 더 이상 나아가지 않았으며 화두를 놓아버리고 또 휘말리면 다시 화두를 제기하는 조각난 공부가 계속되었다. 이러한 과정에서 많은 시간을 허송세월한 것은 화두가 방편이라는 알음알이가 생겨서 끌고 가는 힘이 약했기 때문이며 견처에 대한 확신이 없었기 때문이었다. 선가에서는 화두를 '소염시' 에 빗대어 이야기하고 있다.

당나라 현종의 비인 양귀비는 정부인 안녹산을 잊지 못하여 담 밖에 찾아오는 사랑하는 임에게 소식을 전해야 했다. 그래서 유일한 길인 몸종인 소옥이를 부르는 것으로 담 너머 임에게 목소리를 전하게 되었다. 이와 같이 양귀비가 소옥이를 부르는 것은 오직 다른 데 뜻이 있는 것이 아니고 사랑하는 임에게 목소리를 전하는 데 있었다.

마찬가지로 화두란 말에 있는 것이 아니고 오직 조사의 뜻이므로 말을 따라서 사량분별을 해서는 안 되며 끝까지 의심하여 조사의 뜻을 요달해야 된다. 또한 조사의 확실한 뜻을 모르면서 방편이라는 알음알이를 내면 밋밋하고 힘이 없어서 자기의 전생명으로 다가오지 않는다. 그러므로 화두는 방편이며 목적이었다는 사실을 끝까지 요달한 사람만이 알게 되지만 방편이란 사실만 안다면 평생 지름 참선을 면하지 못한다. 그래서 함부로 화두가 방편이라고 말하면 간화행자의 신심을 무너뜨리니 조심해야 한다. 그러나 진실로 참구하는 입장에서는 양변은 흔적 없이 사라지고 오직 알 수 없는 의정이 현전하여 일체 업장을 녹여 버린다.

한편 『간화결의론』에서는 말만 배우는 간화행자들이 화두는 첫째로 진리를 온전히 제시하는 이야기[全提之語]이며 둘째는 진리 아닌 것[病]을 깨뜨리는 이야기[破病之談]라는 알음알이를 내어 의근 아래서 헤아리는 병을 경책하고 있다. 참으로 화두의 깊은 뜻을 알고 다만 제시만 하는 사람들은 화두가 방편이나 목적이라는 알음알이를 내지 않기 때문이다.

그래도 병 속의 새가 나와서 일체 경계에 함께 나타나 눈앞에 항상 현전하니 이제는 끝장을 내겠다고 봉암사 하안거에 들어가서 용맹정진을 하기로 했다. 그랬더니 반 철이 지나가면서 공부에 힘이 생겨서 대중들과 함께 앉았다 일어나려고 하니 번거로워서 그만 입선 죽비를 치면 방선 때까지 꼼짝없이 보름간 앉아 있을 수 있었다. 그런데 입승스님은 대중의 모범이 돼서 좋다고 했지만 도반스님은 마침 예비군 훈련도 나왔고 대중들에게 피해를 주니 제주도 바닷가 토굴로 가자고 했다. 그래서 따라갔으나 오히려 마장이 많아서 안거를 깨고 나온 것이 너무나 후회스러웠다. 대중처소에서는 대중들이 공부시켜 준다는 말을 참으로 실감할 수 있었다.

다시 범어사 원효암에서 지유 선사의『수심결』강의를 듣고 청정한 덕행을 배우며 여러 철을 지내면서 많이 쉴 수 있었다. 한편 조실스님은 이제 큰 힘을 얻었으니 더욱 정진을 하라고 했다. 하지만 아직 생사심이 끊어지지 않았다는 사실에 스스로 견처에 대한 믿음을 성취하지 못했다.

비록 선지식이 인정을 해줘도 스스로 믿지 못하면 다시 방황하게 된다. 그것은 우선 견처에 대한 확실한 믿음이 서야 생사심이 사라진다는 사실을 모르기 때문이다. 그래도 항상 눈앞에는 피할 수 없는 것이 나타나서 이번에는 기필코 일을 마치겠다는 각오로 다시 수도암 선원 하안거에 들어갔는데 너무 급박한 마음으로 밀어붙이니 반 철이 넘어가면서 상기병이 도져 머리가 터질듯이 아파서 죽을 지경이 되었다. 대중들도 도저히 방법이 없으니 쉬라고 해서 다시 안거를 도중에 포기해야만 했다.

이번에는 남인도 이가푸리에 있는 고엔카 위파사나 센터에 방부를 들였는데 한 철 동안 호흡을 있는 그대로 관찰했더니 상기병이 말끔히 사라졌다. 그러다가 다시 도반스님의 권유로 중앙승가대에 들어갔지만 복잡한 경계 속에서도 견처가 늘 함께 하였다. 그래서 경을 보는 동안만이라도 피해보려고 했지만 도저히 피할 수 없어 강의를 들으면서 화두를 들었는데 참선도 경을 보는 것도 제대로 되지 않았다. 그러나 참선을 하면서 경을 보니 경안이 열리고 보통 사람과 비교할 수 없는 수승한 견해가 열렸다.

또한 깨달음이 사회화되어야 한다는 역사의식이 생기고 보살행을 실천해야 깨달음이 완성된다는 소중한 체험을 하는 귀중한 시간을 보내게 되었다. 그래서 대중과 더불어 수행도 하고 복도 지으려는 원력으로 십여 년을 한 철도 거르지 않고 송광사 수련회 참선 지도법사로 참여하였다. 매년 안거를 수련회로 대신하면서 점점 업력이 녹아지고 공부의 활로가 보이기 시작했다. 그래서 항상 공부를 점검할 때는 함부로 기행을 해서는 안되며 사람 속에서 동고동락하는 동체대비심을 일으켜야 재발심이 일어난다는 것을 깨달았다.

그런데 식광을 얻었을 때는 맑은 기운에 갇혀 있다가 '병 속의 새'라는 기연을 통해서 나오고 보니 너무나 통쾌했지만 이제는 눈앞에 일체 경계와 더불어 함께 나타나는 물건이 있었으니 피할 수가 없어 해결해야 하는 골칫거리였다. 하지만 돌이키면 경계는 흔적 없이 사라져도 눈앞에는 역력하지만 알 수 없는 한 물건이 스스로 현전하니 이것이 무엇인지 해결을 해야 하는데 화두가 방편이라는 알음알이 때문에 큰 문제였다. 그러나 혼침과 산란에 빠져 화두를 제기하면 흔적 없이 사라지니 방편 삼아 화두를 들었다 놓았다 하면서 아까운 세월이 흐르니 초조하고 불안하여 오로지 이것을 해결해야 한다는 생각뿐이었다.

참으로 화두가 전 생명으로 다가와야 밀고 나가는 힘이 생기는데 빼도 박도 못하는 진퇴양난에서 포기하느냐 아니면 끝까지 참구하여 크게 죽었다가 다시 살아나느냐가 큰 문제였다. 그래서 함부로 화두가 방편이라고 해서는 안 되는 것은 오직 해결한 사람만이 스스로 알게 해야 하기 때문이다. 화두는 방편이며 동시에 목적이기에 참으로 참구하는 사람들은 이러한 알음알이를 두지 말고 반드시 한번 뼛속 깊이 사무쳐서 타파를 해야 하기 때문이다.

한편 화두는 한번 획득하면 마지막 미세망념이 녹아져야 사라지는 필경공이며 조사들이 깨친 적멸의 세계에서 나온 불멸의 소식인 반야이다. 그러므로 하루에 한 번만 바른 의정을 일으켜도 온종일 사라지지 않으며 『선요』에서 고봉 선사의 말씀처럼 십 분 앉으면 깨달음이 십 분이어서 일체 업력을 녹여낸다. 그래서 하루 십 분이라도 화두를 들라는 것이다. 그러면 무한한 행복의 문이 열리기 때문이다.

마침내 보조 국사가 창건한 송광암 암주로 와서 『수심결』첫 페이지에 나오는 '마음이 본래 부처' 라는 구절에서 비로소 처음 병 속의 새에서 얻었던 견처를 확신하고 크게 쉬게 되었으니 참으로 큰 은혜가 아닐 수 없었다. 또한 견처에 대한 확실한 믿음의 성취야말로 전부라고 하신 조사의 말씀이 참으로 귀한 것이었다. 그리고 믿음을 성취하여 일주일 용맹정진하면서 점심 공양을 마치고 마당으로 나오는 순간 이번에는 통 밑이 확 빠지는 통쾌한 경계가 찾아왔다. 십여 년을 일체 경계 속에 함께 나타나 피할 수 없었던 무거운 짐을 다시 한 번 벗어 버리니 참으로 쾌활하였고 그동안 배우고 익힌 모든 알음알이의 장애가 송두리째 사라지니 날아갈 듯했다. 그래서 조사들은 무소득을 깨달았다는 것에 계합이 되었다. 다만 소득이라면 수행이 깊어질수록 점점 아는 것은 사라지고 오직 모르는 것이 드러나 하심이 되며 자비심이 나온다는 것이었다.

한편 『수심결』의 부처님께서 깨닫고 보니 일체 중생이 여래와 더불어 조금도 차별이 없는 지혜덕상을 갖추고 있다고 하신 말씀과도 바로 계합이 되어 한바탕 크게 웃었다. 그러나 오랜 세월을 속아서 산 넘고 물 건너 갖은 고행을 했다는 생각에 너무나 원통하고 얻은 것이 없어 싱거울 뿐이었다. 또한 누구나 본래 가지고 있었으니 자랑거리도 아니었다. 이것은 병 속의 새에서 득력하여 그 힘에 의지해서 끝까지 밀어붙인 결과였으니 하근기는 반드시 먼저 깨닫고 견처에 의지해서 닦음 없는 닦음인 화두를 다시 제기하여 나아가야 한다는 사실이 증명되었다.

산 높고 물 깊은 줄 모르고 괜히 먼 길을 찾아 헤매었구나.
앞마당에 문득 다리를 내려놓다가
무거운 짐 비로소 벗어 버렸네.
일찍이 잃어버리지 않았고 조금도 달라진 것이 없구나.
낚싯배를 타고 바다 한가운데 앉아

고기 잡는 아랫마을 장 씨 노인

그을린 얼굴 시커먼 손에는 숭어를 몇 마리 잡았는데

큰 것을 잡았다고 박수치며 깔깔대는 천진한 저 모습

어느덧 하루해는 바다에 떨어지고 황금빛 물결 비단 같구나.

반 백 년 꿈으로 고이 빚은 긴 하늘의 외로운 달이어
조주 선사의 살림살이 감춘 뜻 내 어이 알았으랴.
한바탕 크게 웃으며 관세음보살 손을 잡고 함께 춤추었던
오늘밤의 풍류를 영원히 잊지 않고 더불어 함께 하리라.

삼매현전

뱃고동 소리는 입정을 알리고 삼매의 바다에 밑 없는 배를 두 둥실 띄우고 있다. 금당으로 서서히 침몰하는 장엄한 낙조의 후광은 천 리를 달려왔던 생각의 길을 문득 끊어버려 거금도는 어느덧 부처로 좌정하고 있다.

마음이 본래 부처라는 확실한 믿음을 성취하여 한번 크게 엎어지고 나면 버젓이 일상사에서 쓰고 있는 일체 작용 속에서 스스로 나타나는 불성과 바로 하나가 된다. 그러면 주객은 흔적 없이 사라지고 순간 일행삼매로 나아간다. 그때 만나는 사람은 인형처럼 보이고 사물은 환화의 모습이어서 집착하거나 걸림이 없으니 오직 일체 경계가 마음의 모습이기 때문이다.

송광암에서 두 번째 무거운 짐을 벗어버리고 나니 법열의 삼매가 한 철 동안 지속되어 일체를 놓아버리고 참으로 홀가분한 자유를 누리게 되었다. 참으로 일 마친 범부라고 하더니 누가 알아주는 사람은 없어도 경계를 대할 때마다 할일이 없으니 더없이 그윽했다. 그런데 한 철이 지나고 나니 문득 눈앞에는 피할 수 없는 반갑지 않은 손님이 또 찾아와서 어떻게 맞이해야 하는지 당황하게 되었다. 그래서 다시 종정 소임을 내놓고 태백산에 은거하시던 서암 선사를 찾아뵈었더니 얼굴을 보자마자 경계가 달라졌음을 알아보았다.

그간의 공부를 탁마해 주시면서 수긍하시고 걸리는 화두를 하나 택해서 다시 더욱 세밀하게 정진하라고 했지만 기존의 '이뭣고' 화두를 가지고 정진하기로 했다. 그러나 몇 철을 지나니 '이뭣고' 화두에 알음알이가 생겨서 진전이 없었다. 그것은 육신 안에 소소영영한 주인공이 있어 일체 경계를 주재하니 이것이 바로 불생불멸하는 지혜의 성품이어서 파괴되지 않는다는 알음알이 때문이었다. 그래서 현사 선사는 '만약에 소소영영함이 바로 너의 진실이라면 왜 잠잘 때는 소소영영함을 이루지 못하느냐'고 묻고 있다. 만약 잠잘 때 소소영영하지 않는다면 왜 또 소소영영할 때가 있는가 반문하고 있다. 그것은 소소영영이라는 도적을 잘못 알아 아들이라 여긴 것으로, 이는 생사의 근본이며 망상이 만들어 낸 허망한 기운이라고 했다. 또한 소소영영함은 그대들이 경계인 빛깔과 소리, 냄새 등으로 인한 분별함이 있어서 이것을 소소영영이라 말한 것이라고 했다. 그러므로 만약 경계가 없으면 그대들의 이 소소영영함은 마치 거북털과 토끼뿔 같은 것이라고 상세하게 밝히고 있다.

이와 같이 '이뭣고' 화두를 제기할 때 성품이란 소소영영한 것이라고 알아서 단정해 놓고 경계를 대할 때마다 바로 알아차리고 소소영영함을 이루는 것은 참다운 공부가 아니다. 그것은 복잡한 경계 속에서 화두를 놓치지 않으려는 몸부림으로 소소영영함이라도 지켜야 한다는 강박관념에서 비롯되기도 하지만 크게 잘못된 지해병인 것이다. 또한 이것은 수행이 깊어지면 제8식이 워낙 맑아서 무너지지 않는 금강처럼 다가오니 성품으로 착각한 것이었다. 한편 참성품은 신령스럽게 알지만 스스로는 알지 못한다는 사실을 끝까지 몰랐기 때문이다. 그래서 여기에서 여러 철 아까운 세월을 낭비하게 되었으니 참으로 억울하고 분했다.

두 번째 무거운 짐을 벗어버리고 나니 다시 일체 경계 속에 함께 동행하여 피할 수 없는 마음도 아니고 부처도 아니며 물건도 아닌 것이 이제는 더없이 피부가 깨끗한 여인처럼 뚜렷하게 다가왔다. 그러나 돌이켜 얻으려고 하면 종적도 없지만 나타날 때는 이것 아님이 없었으니 공부가 더욱 순일하고 쉬워졌다. 날이 갈수록 화두가 일상삼매를 이루어 업력이 점점 녹아지고 마음이 쉬어져서 더욱 선명하게 드러나 공부에 확신이 들었다. 또한 일상삼매가 이루어지니 마당에서 사람들을 보더라도 환영을 보았듯 얼굴을 기억할 수 없음에 이상하다는 느낌이 들었다. 그리고 지독한 감기몸살 속에서도 삼매를 경험하게 되어 참으로 이 공부의 수승함에 환희심이 일어났다.

한편 아는 것은 모두 사라지고 오직 하나 남은 알 수 없는 화두를 획득했으니 이제 천하를 얻은 것 같았다. 그러나 신도들을 맞이하여 불공하고 제사 지내며 절 살림살이를 책임져야 하는 암주의 소임이 있어 공부가 쉽지는 않았다. 또한 여름과 겨울에 수련회를 진행하여 일이 많았으며 모임에 참석하고 회의를 주재해야 했으니 번거로운 일상에서 벗어나 대중 선방의 안거에 들어가서 빨리 일대사를 마치고 싶었다. 그리고 도가 높아지면 마가 성하다고 하더니 공부를 방해하는 마장이 끊어지지 않았다. 그러나 지금 주어진 인연을 거스르고 선방에 가서 편안하게 화두를 제기하는 것이 결코 옳은 일이 아니라고 생각되었다. 또한 작은 암자의 살림살이도 감당 못하는 공부를 어디에 쓰겠느냐는 분심이 일어나 모든 허물을 밖으로 돌리지 않고 자신으로 돌리니 마음이 쉬어지고 오히려 공부에 힘이 생겼다.

거친 바다에서 아무리 험난한 파도가 휘몰아쳐도 파도를 탈 줄 아는 사람은 장애가 되지 않듯이 마음은 홀로 일어나지 않고 경계를 따라서 일어나기 때문에 오히려 일상생활 속에서 화두를 제기하면 바로 일상삼매를 이루게 된다. 하지만 수많은 유혹을 물리치고 끝까지 밀어붙여 일대사를 마친다는 것은 참으로 어려운 일이다. 또한 가장 무서운 것은 작은 지해를 구경으로 오인하여 살림살이를 삼아서 자기를 속이고 남을 속이는 일이다. 그래서 진정견해가 서지 않았으면 함부로 수행을 말할 수 없는 것이다. 이제 공부의 가장 큰 마장은 갈수록 지혜가 생겨서 알음알이를 구경으로 착각하여 한 철씩 허송세월을 보내고 나서야 비로소 화두를 놓쳤다고 한탄하며 다시 화두를 제기하는 것이었다. 그래서 지해병에 막힐 때마다 대허 스님과 현웅 스님에게 많은 탁마를 받았다. 또한 몽중에서 여러 선지식의 가피를 입어 탁마하고 경책을 받을 수 있었으니 물러나서는 안 된다는 대분심이 일어났다. 참으로 선지식의 은혜가 부모의 은혜를 능가한다는 것에 감사드려야 했다.

송광암에서 두 만기 임기를 마치고 돌아다니며 마땅한 보림처소를 물색했지만 인연 터가 다시 섬 안에 있어서 선원을 창건하여 쇠로 된 문을 만들어 걸어 잠그고 도반들의 모임이나 찾아오겠다는 사람들을 물리치고 오직 일과 수련회를 수행 삼아 화두 참구에 목숨을 걸었다. 돌이켜보면 처음 발심할 때부터 편안한 선방에서 수행을 시작한 것이 아니라 항상 일 속에 있었거나 아니면 이십여 년 동안 수련회를 통해서 대중 속에서 함께 화두를 제기했다는 것이 다른 사람과의 차이라고 할 것이다. 그래서 아직 지혜가 투철하지 못하고 덕이 부족하지만 그간의 경험을

통해서 처음 간화선을 수행하는 사람들에게 작은 등불이 되고
자 하는 원력을 세운 것이었다.

사실 간화선이 일상생활 속에서 실천하기 쉬운 일은 아니지
만 마음이 본래 부처라는 정견만 갖추면 일상에 나타나지 않는
곳이 없는 것이 마음이라서 결코 어려운 작업이 아니다. 그러나
일상을 떠난 고요한 장소에서는 더욱 실천하기 어려운 것이 또
한 간화선이다. 왜냐하면 마음은 홀로 일어나지 않고 경계를 따
라서 일어나기 때문이며 고요한 장소에서는 경계가 없어 여간
공부가 수승하지 않으면 마음을 알아차리기가 참으로 어렵기
때문이다. 그러나 언제 어느 곳에서든지 경계를 따라가지 말고
바로 알아차리면 경계는 흔적 없이 사라지고 오직 홀로 알 수 없
는 것이 드러난다. 이때 바로 본참공안으로 옮겨와서 의정을 일
으켜야 한다.

두 번째 기연을 통해서 더욱 선명하고 뚜렷하게 드러난 오직
모르는 것은 이제 견처에 대한 흔적을 지우고 미세망념을 도려
내는 작업이었으니 참으로 어려운 일이었다. 무시이래로 지은
무의식의 깊고도 어두운 창고를 소탕하는 일은 참으로 미세하

여 어려운 것은 불성은 비록 성질이 공하지만 묘하게 물듦 없이 물들어서 참으로 미묘하기 때문이다. 그러나 한량없이 깊고도 깊은 무의식의 창고라도 참으로 신통한 수술 로봇인 오직 모르는 맛없는 화두 앞에서는 숨을 곳이 없었으니 걸리기만 하면 요절이 나게 되어 있었다. 문제는 참으로 지난한 작업이 다시 시작되기 때문에 한번 죽을 각오를 해야 한다는 것이었다. 만약 여기에서 물러나게 되면 다 잡은 물고기를 목전에서 놓치게 되는 것과 같아서 다시 생사윤회의 바다로 들어가 한량없는 고통을 받아야 하기 때문이다.

조사스님들의 깨침의 선물이며 적멸인 화두는 일체 경계 속에 나타나 선명하게 얼굴을 드러내고 다시 깊고도 깊은 무의식의 바다라 할지라도 찰나에 잠수해 들어가 무의식을 잡아다가 눈앞에 뚜렷하게 보여준다. 그러면 다만 알아차려 오직 알 수 없는 화두의정으로 바로 돌이키면 용광로에 떨어지는 눈처럼 흔적도 찾을 수 없다. 이렇게 어려운 작업을 해오인 알음알이는 노서히 손을 댈 수가 없으며 오직 돈오인 맛없는 화두만이 수행할 수 있다.

그런데 무의식이 너무나 맑고 미세하여 불성과 구별하기가 어렵기 때문에 착각을 일으켜 화두가 없는 무기공의 미로에 빠진 것이 한두 번이 아니었다. 그래서 아까운 세월을 낭비하게 되니 참으로 분하고 무서운 일이 아닐 수 없었다. 그러므로 조사들은 무의식을 제8마계라고 하였으며 태고 선사도 승묘경계라 하여 화두가 오매일여의 지극한 경계에 나아가더라도 끝까지 화두하는 마음을 놓치지 말라고 했던 것이다. 그러나 화두에 알음알이가 남아있는 참의사구는 무의식을 통과하지 못하고 삼매의 지극한 맛을 떨치지 못하여 평생을 화두한다고 하지만 이것은 고급 선병인 것이다. 마치 고시생이 평생 고시원을 벗어나지 못하는 것과 같기 때문이다. 또한 이것은 적멸인 화두가 무의식을 끝까지 잡아내려고 물고 늘어지는 모습으로 깨달음의 흔적이 남아있어 아직 적멸을 비추고 있기 때문이다.

여기에서 벗어나려면 크게 한번 죽어 일체 깨달음의 지혜를 과감하게 떨쳐버리고 오직 맛없는 활구로써 다시 살아나야 한다. 그러면 이제 주객이 사라진 적멸이 비추어 사중부활하여 금까마귀로 날아오르기 때문이다. 마침내 금까마귀가 창공을 나니 시방세계에 두루하고 다시 일체 중생의 몸속으로 들어가며 더 이상 갈 곳이 없어 자유자재로 인연을 따라서 굴리게 되니 이름하여 관자재보살이었다.

드디어 선원으로 내려와서 세 번째 짐을 벗어버리니 마치 죽은 시체가 되었다가 다시 살아난 것 같았으며 칠흑 같은 긴 터널을 일시에 벗어난 것 같았다. 또한 더없이 고운 백설의 미인이라는 소문을 들었지만 비로소 눈앞에서 바로 친견하여 둘이 아니고 보니 지난 세월이 참으로 귀한 시간이었음을 부처님께 감사드려야 했다. 한편 간화선의 수행법을 만난 인연이야말로 참으로 행운이었다는 사실에 역대 선지식의 은혜가 부모의 은혜를 능가하여 골수에 사무쳤다. 또한 몽중에서 서암 전 종정스님께서 증명해 주셨으니 은혜에 보답하게 되었다.

그러나 이제 태어난 아이처럼 아무런 힘이 없으니 다시 돌아갈 곳은 삶의 현장에서 끝없이 보살행을 실천하는 길뿐이라는 사실이었다. 이제부터 일체 차별지를 밝혀 한량없는 보살행을 실천하는 것이야말로 간화행자의 찬다운 회향이기 때문이다. 한편 다시 하심하고 끝없이 투과하여 향상일로를 걸어야 할 것이다.

선원에 내려와서 그동안의 공부를 점검해 보았더니 식광의 덮임을 깨고 나온 병 속의 새에서 득력을 했던 것은 사실이었다. 육조 스님이 시장에서 『금강경』 읽는 소리에 문득 힘을 얻어 황매로 향하여 오조 스님을 찾았을 때와 같은 심정이 되었기 때문이다. 또한 머리로 얻은 것은 조금만 졸아도 사라지는데 일체 경계에서 나타나 도저히 피할 수 없는 경계를 얻었기 때문이다. 단순한 알음알이 해오라면 십여 년을 일체 경계와 함께 나타나서 어떻게 동행을 했느냐는 것이었다. 그리고 나서 송광암에서 다시 한 번 크게 엎어졌지만 마음은 아무런 증감이 없었고 달라진 것은 오직 업력이 줄었다는 것이며 지혜가 늘었다는 것이다. 이것이 바로 돈오라는 것이다.

그러나 세 번째 선원에 내려와서 무거운 짐을 벗기까지는 많은 어려움이 있었으나 앞에서 얻었던 두 번의 기연과는 차원이 달랐다. 그것은 돈오돈수에서 경계하는 돈오점수의 지해병을 버리지 않으면 다시 살아날 수가 없었기 때문이다. 왜냐하면 돈오돈수는 본각의 입장이니 돈오점수는 닦음 없는 닦음의 화두를 제기하여 염념이 본각에 합하는 시각의 입장이라는 견해가 오히려 지해병이 되었기에 소각을 해야만 했다.

한편 돈오점수의 지해병을 오래도록 벗어나지 못한 것은 두 번의 기연을 통해서 너무나 확연히 경험한 견처가 있었으며 순간 망념을 화두의정으로 돌이키면 본래 청정한 본각에 바로 계합한다는 사실이 역력했기 때문이다. 또한 여기서 나타나는 화두삼매의 즐거움이 세상 어떤 맛보다 수승하여 업력을 녹여내기 때문이다. 그러나 문제는 이렇게 너무나 분명한 체험과 바른 공부길이지만 여기에서 맛을 취하고 알음알이를 버리지 못하기 때문에 도리어 장애를 이룬다는 것이다. 그래서 보조 국사는 『수심결』에서 돈오점수의 올바른 수행의 길을 제시했지만 지해병에서 벗어나지 못하기 때문에『간화결의론』을 지어 다시 맛없는 활구를 참구하도록 돈오돈수의 간화경절문을 시설한다고 했던 것이다. 돈오점수인은 그동안 너무나 간절한 정진으로 얻은 체험이며 여기에서 나오는 지해가 특출하기 때문에 이것을 버린다는 것이 참으로 어렵기 때문이다. 그래서 조사들은 일체 지해를 소각하여 마치 찬 재와 같이 죽어서 다시 살아나야 비로소 대장부라고 했던 것이다.

돈오점수 지해병의 근본 원인은 먼저 깨닫고 나중에 닦아야 바른 닦음이지만 여기에 다시 알음알이가 붙어 생긴 결과이다. 초조 달마에서 오조 홍인까지는 좌선을 통한 선정이 우선이었던 선법이었다. 그러나 육조 스님이 출현하여 돈오법을 개시한 이래로 조사선이나 간화선에서는 닦음보다는 먼저 깨침인 돈오만 이야기할 뿐이다. 돈오하고 나서 근기에 따라서 바로 공부가 끝나는 사람은 불행수행인 돈오점수의 과정을 거칠 필요가 없지만 근기가 하열한 사람은 업력이 두터워 평생을 닦을 수도 있으나 각자의 몫이므로 오직 돈오만 이야기할 뿐이다. 그러나 돈오했더라도 오매일여도 안 되면서 깨달았다고 객기를 부리는 사람에게는 성철 스님의 준엄한 경책이야말로 참으로 깊은 자비가 될 것이다. 왜냐하면 공부의 삼분단인 동중일여·몽중일여·오매일여는 돈오 후에 보림을 통해서 반드시 통과해야 하기 때문이다. 하지만 『단경』에서는 돈오에 대한 자세한 설명이 없다. 그런데 수증론의 입장에서는 먼저 돈오해야 오매일여가 가능할 텐데 먼저 오매일여를 통과해야 돈오라고 하는 것은 성철 선사는 아무리 크게 깨쳤어도 오매일여가 되지 않으면 돈오가 아니라고 보기 때문이다. 이것은 점수돈오로써 확철대오라고 해야 할 것이다. 그러나 육조 스님은 시장에서 나무를 팔다가 『금강경』 가운데 응무소주 이생기심應無所住 而生其心, 즉 '마땅히 머무는 바 없이 마음을 내라' 는 구절을 듣고 문득 돈오했다.

『육조단경』에서는 돈오하고 나서 불행수행을 하라고 했으며 실천방법으로 무념·무상·무주를 제시하고 있다. 그리고 법을 설할 때는 반드시 대법을 취하여 양변을 떠나고 마침내 흔적마저 쓸어버려 중도를 이루어야 한다고 했다. 화두가 바로 대법의 원리로 짜인 것으로 중도인 무념·무상·무주를 실천하는 지름길이다. 또한 화두가 불행수행인 것은 돈오하여 화두를 획득하면 화두는 이미 사람의 일이 아니어서 일체 사량분별을 죽이며 마지막 무의식의 창고마저 무너뜨리는 작업을 마쳐야 마침내 불생불멸의 반야로 얼굴을 바꾸기 때문이다.

이렇게 화두는 자기의 사명을 마치고 마침내 타파되는 것이니 화두는 결국 영겁에 어둡지 않은 하나의 사실인 필경공이었던 것이다. 그러므로 끝내 화두는 타파되어 사라지는 것이 아니라 결국에는 사람과 함께 업력이 타파되어 사라지는 것이다. 이것을 화두타파라고 하는 것이며 하나를 타파하면 전체를 타파한다고 고봉 선사는 『선요』에서 역설하고 있다. 그러므로 돈오돈수로써 경절문의 화두 참구는 사람의 행이 아닌 부처의 행인 불행수행인 것이다.

간화종장이었던 대혜 스님은 여러 차례 깨달았으며 보조 스님도 세 차례에 걸쳐서 깨닫고 『서장』의 영향을 받아 간화경절문을 시설하여 한국 최초로 이 땅에 간화선을 제창하였다. 또한 태고 선사는 먼저 깨닫고 나서 득력하여 바른 화두가 제시되어 네 번의 깨달음을 거쳐 오매일여를 통과하여 일대사를 마쳤고 『몽산법어』의 저자 몽산 스님은 세 번의 깨달음을 거쳐서 오매일여를 통과하고 일대사를 마쳤다. 이와 같이 간화종장들의 수증은 본래 부처인 돈오에서 출발하므로 먼저 돈오를 하여 여기에 닦음 없는 닦음인 화두를 제기하고 오매일여를 통과하여 일대사를 마치는 것이다.

그러나 화두에 아직 알음알이가 남아 있으면 제8마계인 무의식에 걸린 가짜 화두삼매를 벗어나지 못하여 평생 화두를 타파하지 못하게 된다. 이것은 화두가 바로 심의식의 마음인 8식이 아니라 제8식이 공한 마음 아닌 마음이며 불성이고 반야이기 때문에 끝까지 무의식의 창고를 깨부수려는 마지막 작업을 착수하고 있는 모습이다. 그러나 워낙 미세한 마음인 무의식이 본래 공하지만 물들어 있어도 너무나 맑기 때문에 성품으로 오인하여 참으로 어려운 작업이다.

그것은 화두가 바로 불성이고 반야이며 불성과 반야가 바로 화두라는 사실을 투철하게 요달하지 못하면 무기공에서 벗어나지 못하기 때문이다. 그런데 화두에 사량이 붙어 있으면 일미평등인 불성과 계합하지 못하여 무의식을 통과하지 못하고 걸려 있으니 참다운 수행이 아니라 참으로 답답하다. 그래서 참의사구를 버리고 돈오돈수의 맛없는 활구를 들어야 한다고 보조 국사는 『간화결의론』에서 역설하고 있다. 또한 활구 아래 깨달으면 영겁에 걸쳐서 잃어버림이 없지만 사구 아래 깨달으면 자기도 구제하지 못한다고 역대 조사들이 한결같이 경책하고 있다.

무릉도원 어드멘가.

먼 길 돌고 돌아

그간 얼마나 헤매었나.

앞마당에 복숭아꽃

석양빛에 저렇게 붉은 것을.

옛 사당의 향로처럼 찬 재와 같이
얼음연못 마른 연줄기처럼 철저히 죽어 다시 살아나면
거울 같은 연못에 하늘이 스스로 얼굴을 나투듯
들리는 소리마다 관음이며 걸음마다 보현이니
모두가 아미타궁전의 소식이다.

일상사
그대로가
곧 신통이다

바람은 급하게 안개를 몰고 산꼭대기로 달음박질쳐 오르고 마른하늘엔 천둥소리와 함께 번갯불이 지나간다. 숲속의 새들은 놀라 울음을 그치고 연밭에는 청개구리가 일제히 합창을 시작한다. 연잎에는 굵은 빗방울이 떨어지고 저 건너 용두봉엔 벌써 소나기가 쏟아진다.

범부들은 보통 사람에게는 없는 특별한 능력인 신통변화를 부리는 것으로 수행을 삼고 화두를 참구하는 학인도 무시이래로 익혀온 습기인 밖으로 향하여 구하는 생각과 지혜의 장애를 입어 화두를 놓치게 된다. 그러면 마치 태양을 구름이 가리는 것처럼 마음 광명이 어두워지고 고요한 곳에서 음침한 기운이 일어난다. 이것을 오음이라고 하며 여기에서 불가사의한 능력이 나오는데 이것이 범부들이 탐하는 다섯 가지 신통이다.

첫째는 천안통으로 몸이 온통 안과 밖이 투명한 유리처럼 보이고 세상 모든 것을 원근 없이 볼 수 있는 능력이다.

둘째는 생각하는 곳을 마음대로 갈 수 있으며 모양을 마음대로 바꾸어 산이나 물속 바위 속을 지나가는데 이것을 신족통이라고 한다.

셋째는 천이통으로 듣는 것이 자유롭게 되어 거리에 상관없이 세상의 모든 소리를 들을 수 있다.

넷째는 상대방 마음속 생각하는 바를 귀신처럼 아는 타심통이다.

다섯째는 숙명통으로 반복되어 수없는 생을 살아온 전생사를 알 수 있는 능력이다.

위에서 말한 다섯 가지의 신통한 세계는 누구나 마음만 먹으면 가능한 세계이다. 우리의 마음은 참으로 신령스러워 부처를 구하면 부처를 이루지만 신통을 구하면 불가사의한 신통의 세계가 나타나기 때문이다. 하지만 다섯 가지 신통의 세계는 벽에 틈이 생기면 바람이 들어오듯 공부하는 사람이 화두를 놓치는 틈을 타서 들어오는 것으로 집착하면 공부길을 잃고 헤매게 되니 참으로 경계를 해야 한다. 또한 앞으로 다가올 유비쿼터스나 줄기세포가 만들어내는 새로운 세상도 한 생각 번뇌가 다하지 않으면 괴로움에서 벗어날 수 없을 것이다. 그래서 오직 깨달은 사람만이 성취하는 특별한 경계가 여섯 번째 누진통의 세계이다. 마치 백천 강물이 바다에 이르면 일체의 흐름이 끊어지고 일미평등의 한 맛을 이루듯이 번뇌의 흐름이 다한 수행자는 일심의 바다에서 번뇌가 바로 깨달음인 것이 마치 파도가 곧 물이며 물이 곧 파도인 것과 같기 때문에 만나는 경계마다 신통광명을 발하는 것이다.

부처님의 가르침을 처음 동경했을 때는 신통을 구하는 것으로 알았다. 고등학교 시절 불교서점에서 처음 접한 책이 선도의 『불로장생술』이라는 책이어서 단전호흡을 통해 몸을 단련하니 나도 모르게 재미가 붙어서 헤어나기가 참으로 어렵다는 생각을 했다. 그러나 이 방면의 대가였던 사람과 함께 정진하면서 몸의 기운은 마음대로 돌리지만 욕망을 자제하지 못하여 어리석음을 떨치지 못하는 것을 보고 화두 참구로 전환이 오게 되었다. 그렇지만 화두가 순일하지 않으니 이것도 저것도 아닐 바에는 차라리 신통력이라도 있어야 면목이 있을 텐데 하는 미련이 끝없이 공부의 발목을 잡았다. 이와 같이 한 생각 어리석음으로 인하여 공부길을 잃어버리게 되면 특별한 능력을 구하려고 한다. 이것이 보통 사람들이 추구하는 다섯 가지 신통의 세계인 숙명통, 타심통, 천이통, 신족통, 천안통이다.

그러나 이것은 깨달음이 특별한 능력을 구하는 것으로 착각하는 어리석은 마음일 뿐 일체 번뇌가 다하여 사라진 여섯 번째 누진통이 수행자가 구하는 신통이다. 번뇌가 철저히 공함을 깨달아 일체 흐름이 끊어진 누진통은 범부들은 넘보지 못하는 것으로 일상사 그대로를 성품의 지혜작용으로 쓰기 때문에 일체가 신통이어서 방거사는 물을 길어오고 땔나무를 나르는 것이라고 했던 것이다.

설사 오랜 습기가 녹아져서 신통이 나타난다고 하더라도 부처님께서 말렸던 것은 범부들은 겉모습인 신통에만 매달려서 신통이 나온 자리가 본래 공이며 마음인 줄 모르기 때문이다. 또한 수행을 하면 누구나 저런 신통이 나와야 한다는 착각으로 수행의 기준을 삼아서 올바른 공부인들을 비난하여 죄업을 짓고 남을 속이기 때문에 경계를 했던 것이다.

한때는 오래 앉아 좌선을 하면 깨달음이 오는 줄 알고 단전호흡을 하면서 꼼짝하지 않으니 주위에서는 돌부처라고 부르며 무슨 신통한 일이 일어날 줄 알았지만 형상으로 짓는 것은 다 허망하여 아무리 깊은 선정이라도 무너지고 말았다. 그러다 성품은 작용으로 나타나니 바로 돌이키면 성품에 곧 계합한다는 사실을 깨닫고부터는 더 이상 좌선에 매이지 않게 되었다. 하지만 초심자들은 좌선을 통해서 힘을 얻게 되니 무시해서도 안 될 것이지만 앉는 것에 집착하면 고요함을 탐하게 되어 선정에 치우치게 되니 특별한 신통을 구하려는 마음에 붙들리게 된다.

남악회양 선사가 좌선에만 집착하여 좌복을 일곱 개나 뚫고도 꼼짝하지 않는 마조 스님을 보고 앞에서 기왓장을 갈고 있었다. 마조가 이것을 지켜보다가 기와를 갈아서 무엇을 만들려 하시

느냐고 물었다. 이에 회양 선사가 거울을 만들려 한다면서 웃는
마조에게 그대는 앉아서 무엇을 하느냐고 물었다. 이에 마조는
부처가 되려 한다고 대답을 하고서 수레가 가지 않으면 소를 때
려야 하느냐 수레를 때려야 하느냐는 말에 양변을 초탈하여 활
연대오를 했다.

요즈음 인터넷 세상이라 클릭만 하면 바로 눈앞에 신통의 세
계가 펼쳐진다. 하지만 그것은 욕망으로 건설된 세계여서 고통
이 그칠 줄 모른다. 또한 여기에 중독이 되면 흉기로 변하여 세
상을 시끄럽게 한다. 그러나 끝없이 변하는 모니터에 나타난 세
계가 마음의 작용이어서 실재하지 않으며 허망한 줄 알면 그 자
리에서 바로 화두가 돈발하여 인터넷 세상 그대로가 신통광명
의 세계로 변할 것이다.

운동선수들의 최고 목표는 올림픽에 나가서 금메달을 따는
것이다. 그 과정에서 참으로 피나는 훈련을 하는 것을 보면 수
행자의 삶에 견줄 수 있을 것이다. 2008년 베이징 올림픽에서 수
영 8관왕으로 신통을 나투었던 올림픽 영웅 미국의 마이클 펠프
스는 세계인의 찬사를 받았다. 그러나 그 후로 신문에는 마리화

나를 피우는 모습으로 다시 나타났다. 어린 나이에 영웅이라는 찬사를 받았지만 더 이상 나아갈 목표를 잃어버리고 비틀거리는 안타까운 모습이었다. 그 이름으로 보살행을 실천하여 세계인의 귀감이 될 수 있었을 텐데 하는 아쉬운 마음이 많았다. 예부터 생이지지生而知之하여 소년이 급제한 것을 곱게만 보지 않고 팔자가 세다고 했던 것은 펠프스처럼 올림픽 영웅이 되었지만 지키지 못하고 삶의 목표를 잃어버려 다시 타락하기 때문이다.

이와 같이 세상의 신통은 한 생각을 일으켜 끝없이 단련하면 누구나 이룰 수 있는 유루의 세계여서 한 생각을 지키지 못하면 다시 사라지는 허망한 것이다. 그러나 누구나 차별 없이 가지고 있는 마음은 참으로 신통해서 부처를 구하면 부처가 되지만 범부는 밖으로 특별한 능력을 구하여 생사윤회의 고통을 벗어나지 못한다. 『금강경』 첫머리에 "부처님께서는 사위성 기수급고독원에서 비구 천이백오십인과 함께 계셨다. 그때 세존께서는 공양 시간이 되어 가사를 두르고 바리때를 들고 사위성으로 들어가셨다. 그리고 차례대로 탁발을 마치고 돌아와서 공양을 끝내고 가사와 바리때를 거두어들이고 발을 씻고 자리를 펴고 앉으셨다"고 했다. 이것은 일체 경계를 바로 무심의 작용으로 쓰는 누진통을 보인 경계이다.

하늘이 한바탕 신통을 부려 소나기가 지나가고 나니 아무 일도 없었다는 듯 다시 구름 한 점 없는 만 리의 하늘이다.

둥근 거울 연잎 위
굵은 빗방울 하나
데구루루
구른다.

死中復活
지난 겨울 언못에 잠행한 쇠기러기 금붕어를 다 훔쳐 가더니
오늘 아침 한 마리 나타나 유유히 불조의 소식 전하니
물 위에는 한가로이 꽃잎이 흐르네.

돈오를 말한다

　잔칫날같이 걸고 푸짐했던 장날이 파하고 나니 항구는 다시 북적거린다. 하루의 취기가 아직 가시지 않은 듯 붉은 해는 뱃머리에 걸려 있고 저 건너 피안의 섬으로 귀향하는 사람들이 서둘러 반야의 배에 오르고 있다. 섬으로 통하는 길은 금진과 신평 두 개의 배 터가 있고 반야의 배는 남녀노소를 가리지 않고 아무 것도 차별함이 없이 모든 것을 실어 나른다. 반야의 배는 돈오와 점수가 없으니 더디고 빠름은 다만 사람에게 있을 뿐이다.

　『육조단경』에서는 몰록 자성이 본래청정함을 깨닫는 것을 돈오라고 했다. 마치 사람이 물을 마심에 차고 더운 줄 아는 것은 시간과 공간, 남녀노소가 없으며 수행을 빌리지 않고 본래 아는 것이다. 이것이 돈오이니 누구나 본래 부처이기 때문이다.

『돈오입도요문론』에서는 '돈'이란 몰록 망념을 없애는 것이며 '오'란 얻을 바 없음을 깨닫는 것이라고 했다. 화두를 참구하는 수행자가 깨닫기 전에는 뭔가 깨달을 것이 있다는 미혹된 생각으로 간절하게 의심을 일으킨다. 하지만 아직 성품을 보지 못했기 때문에 참다운 의정이라고 할 수 없지만 마음이 본래 부처라는 믿음을 성취하면 깨달음과 다름이 없기 때문에 바른 의정을 제기하게 된다. 그러므로 끝없이 들이대는 간절한 화두의 의정을 통해서 성품의 본을 뜨다 보니 어쩌다가 한 코의 의정이 성품에 계합하게 되면 구하는 마음은 흔적 없이 사라지고 본래 가지고 있는 성품을 깨닫게 된다. 그러면 참으로 억울한 마음에 속았음을 알게 되는데 이제까지 잃어버린 적이 한 번도 없었으며 누구나 차별 없이 가지고 있기 때문이다. 또한 깨달았다고는 해도 크게 변한 것이 없는 범부 그대로의 모습을 떠날 수 없으므로 방거사는 일 마친 범부라고 했던 것이다.

그러나 더 이상 의혹이 없어서 일체 경계에서 오직 성품을 볼 뿐 특별한 것을 구하지 않는다. 마치 고향을 등지고 끝없이 헤매다가 마침내 고향에 온 것처럼 참으로 편안하지만 일찍이 한 걸음도 옮기지 않았음을 비로소 알게 된다. 또한 부처님께서 말씀하신 것처럼 일체 중생이 평등하게 여래의 원만한 지혜덕상을 누구나 갖추고 있음을 확인하게 되어 참으로 얻을 것이 없다는 사실을 깨닫게 되는데 이것을 돈오라고 부른다. 그러나 돈오의 체험에 대한 확실한 믿음을 성취하지 못하면 마치 금가루가 귀한 것이기는 하나 눈에 들어가면 병을 이루듯 깨달음이 오히려 성품을 장애하는 덮임이 되는 것이다. 그래서 다시 믿음을 성취하여 닦음 없는 닦음인 화두로써 깨달음의 흔적과 일체 지해를 소각하고 이제 드러난 성품을 확실하게 증득하여 자유자재로 굴리는 수행을 해야 한다.

그러나 성품의 입장에서는 본래 원만한 본각이어서 더 이상 닦을 것이 없으니 돈오돈수이다. 하지만 사람의 입장에서는 이제 어린아이 같은 철이 없는 사람이어서 어른과 같은 공력을 쓰지 못하기 때문에 반드시 본각인 돈오돈수에 의지하여 닦음 없는 닦음인 돈오점수의 시각인 화두로써 본각을 증득해야 한다. 이것이 바로 돈오돈수적이며 돈오점수적인 간화선의 수증론이다. 혜해 선사는 돈오돈수를 마치 사자 새끼가 본래 사자임에 비유했다. 또한 하택신회 선사는 돈오점수를 아이가 태어남에 본래 사람이지만 어른과 같이 공력을 쓸 수 없어 아이의 지혜가 자연히 증장함에 비유했다. 이와 같이 돈오와 점수의 차이는 태어남에 두느냐 성장함에 두느냐의 차이일 뿐이기 때문이다.

마조 문하의 제일가는 수좌인 귀종 화상에게 학인이 찾아와서 "어떤 것이 부처냐"고 물었다. 그러자 화상은 일러주고 싶어도 믿지 않을까 걱정이라고 하면서 확실한 믿음을 요구하고 있다. 이에 학인은 어찌 큰스님의 말을 믿지 않겠느냐고 대답하고 묻고 있는 "그대 자신이 부처"라는 말에서 언하에 돈오했다. 그러고 나서 어떻게 보림해야 하느냐고 물으니 "한 티끌이 눈에 있으면 허공꽃이 어지러이 떨어진다"고 했다.

보림이란 돈오에 의지하여 끝없이 향상일로를 가는 조도의 길이지만 끝내 조도의 길마저 초탈하는 것이다. 그래서 『단경』에서는 무심보림을 말하고 있다. 그러나 아직 깨달음의 흔적을 지우지 못하거나 이것 밖에 기특한 일이 있는 줄 알고 의심을 하게 되면 마치 금가루가 아무리 귀하지만 눈에 들어가면 눈병을 이루듯이 성품을 장애하는 것과 같다. 그러므로 스스로 견처에 대한 확실한 믿음을 성취하여 더 이상 기특한 일은 없으니 의심을 하지 말아야 한다. 또한 닦음 없는 닦음인 맛없는 활구로써 불행수행인 무념·무상·무주를 실천하여 끝없이 수행을 향상시켜야 한다. 왜냐하면 깨달음 대로 실천하기는 어려우며 해탈의 바다는 세월이 갈수록 점점 깊어진다고 했기 때문이다.

간화선의 입장에서 보림을 말하는 것은 돈오했기 때문에 여기에 의지해서 닦는다고 하여 닦음 없는 닦음이라고 하며 보조국사는 처음 간화선을 돈오보림의 방편으로 제시했다. 그러나 지해가 아직 남아있는 참의사구는 청정한 성품에 무서운 장애를 입게 하므로 반드시 소각해야 한다. 그래서 맛없는 활구를 끝까지 밀어붙여야 지해가 마침내 바닥을 치고 본각을 성취할 수 있음을 비로소 알게 된다. 하지만 하근기들은 이것이 돈오점수의 경계에 의지한 지해병인 줄 처음에는 모르다가 고생 끝에 비로소 알게 되니 어쩔 수 없을 것이다. 그래서 학자들은 돈오점수의 돈오가 해오라고 하지만 선가의 입장에서는 돈오돈수의 돈오와 아무런 차별이 있다고 보며 이깃을 여래선이며 법신변사의 지해라고 경계한 것뿐이다.

돈오점수는 아직 깨달음의 흔적이 남아있어 그 여파로 법의 공성을 끝까지 체달하지 못한 것이다. 하지만 시간 차이가 있을 뿐 더 이상 닦아서 돈오의 질이 달라지거나 수승한 지혜를 구하는 것이 아니라 깨달았다는 고급 지해병이 사라지고 업력을 녹이는 가운데 이치가 더욱 확실하게 드러날 뿐이다. 이것이 『능엄경』에서 말하는 '이치는 단박에 깨닫지만 사상사는 깨침에 의지하여 점차로 녹인다'는 말이다. 한편 이러한 내용은 대혜 선사가 『서장』에서 이참정에게 내린 답서의 요지로 돈오점수의 이치이다.

상근기는 돈오가 바로 돈오돈수여서 더 이상 할 일이 없다지만 중하근기는 돈오점수여서 화두의정으로 닦음 없는 닦음인 오후 보림을 통하여 돈오돈수인 본각을 성취하기 때문이다. 그래서 돈오점수인은 간화선이 오후 보림의 확실한 길이지만 돈오돈수인은 설사 이것이 하근기를 위하는 바른 길이라고 하지만 오히려 독약이 된다고 참으로 경계를 하는 것이다. 왜냐하면 비록 돈오했지만 참의사구에 머물러 깨달음의 지해를 벗어나지 못하면 본각을 성취하지 못하기 때문이다. 그러므로 보조 국사는 『수심결』에서 비록 돈오점수의 바른 공부길을 제시했지만 말년에 간화선을 이치와 뜻이 사라진 경절문으로 격상시켜 맛없는 활구인 돈오돈수 문으로 격상시키고 있다.

그러나 돈오점수의 돈오가 보림을 통해서 본질이 달라진다고 하면 이것은 선가의 돈오가 아니다. 다만 보조 국사는 돈오와 해오를 같은 차원에서 쓰고 있지만 보통 알음알이와는 차원이 다른 것이니 혼동하지 말아야 한다. 여기에 대한 혼란이 온 것은 교가의 화엄종장이었던 청량징관이 돈오돈수와 돈오점수의 돈오를 닦음이 없이 먼저 깨달은 것은 모두 해오로 보고 점수돈오처럼 먼저 닦고 나중에 깨달으면 증오로 보았기 때문이다. 돈오점수에 의한 지해병은 깨달음의 흔적을 지우지 못해서 법이 온전하지 못하므로 다시 구경이 있는 줄 알지만 이미 돈오했기 때문에 다시 얻을 것이 없다. 그러나 보조 국사는 세 번의 깨달음을 거쳤고 태고 선사는 네 번에 걸쳐서 깨달았으며 『몽산법어』의 저자 몽산 스님은 세 번에 걸쳐서 깨닫고 일대사를 마쳤다. 이것은 돈오해서 지해가 남아있는 참의사구를 벗어나지 못하고 보림을 하면서 점차로 일을 마친 모습이지만 깊이를 더해

가면서 마지막에는 맛없는 활구로써 남은 지해와 습기를 단박에 제거하여 본각을 이루는 작업일 뿐이기 때문이다. 이러한 과정은 보조 국사가 일생 동안 수행을 향상시킨 모습이다.

선가의 돈오는 해오를 닦아서 돈오로 만드는 입장이 아니기 때문이다. 누구나 본래 부처이니 깨닫기 전에도 완전하기 때문에 돈오돈수라고 하는 입장에서 보더라도 깨달음은 본래 돈오가 되어야 하기 때문이다. 그래서 한번 깨치면 영원히 깨치며 부처는 다시 부처를 지을 수 없어 다시 매하지 않는 것을 돈오라고 한다.

문제는 아직 화두에 뜻이 남아있는 참의사구에 머물지 말고 아무런 맛이 없는 활구를 들어 끝까지 밀고 나가야 일대사를 마칠 수 있다는 것이다. 왜냐하면 화두에 아직 뜻이 남아있는 참의사구는 지해병을 벗어나지 못하니 아무런 맛이 없는 돈오돈수의 활구가 아니면 성품과 일미평등을 이룰 수 없기 때문이다. 그래서 보조 국사는 이러한 병폐를 척결하기 위하여 간화선을 돈오점수의 참의사구를 초탈하는 돈오돈수인 간화경절문으로 격상시키고 있다.

그런데 아쉬운 것은 이러한 격식을 벗어난 사람이 별로 없기 때문에 참의사구를 벗어나지 못한 사람을 두둔하고 있다는 것이다. 그것은 이런 사람도 흔하지 않으며 보통 경을 보는 사람보다는 지해가 특출하기 때문이다. 그러나 잘못하면 도적을 자식으로 오인할 수 있기 때문에 인정사정없이 과감하게 떨쳐버렸어야 했다. 왜냐하면 참의사구에 머무르면 간화선의 구경이 아니기 때문이다. 하지만 하근기들은 여기까지 오는 사람도 드물며 이러한 과정을 서지기 때문에 어쩔 수 없었을 것이다. 지금도 이것이 현실이기 때문이다.

또한 보조 국사나 태고 선사도 여러 번에 걸쳐서 깨달은 것은 이러한 과정을 거쳤음을 증명하기 때문이다. 그러나 성철 선사는 이 점을 지적하여 돈오점수는 해오이니 참다운 간화선이 아니라고 했지만 하근기들은 사다리가 없으면 미로에서 헤매게 되니 또한 큰 문제가 아닐 수 없다. 왜냐하면 돈오점수인이 거치는 중간 과정인 돈오를 삭제하고 오매일여에 기준을 두어 너무나 깨달음이 멀고 높으니 전문 수행자가 아니면 쉽게 포기해 버리는 것이다. 그러나 돈오하고 나서 오매일여도 안 되면서 깨달음의 흔적을 지우지 못하여 더 이상 수행을 하지 않는 사람들에게는 성철 스님의 준엄한 경책이야말로 참으로 깊은 자비가 될 것이다. 하지만 하근기들을 위해서는 먼저 돈오하고 나서 점차로 공력을 가차하여 자연히 오매일여를 성취하게 하도록 돈오에 깨달음의 기준을 두어야 할 것이다. 또한 오매일여가 돈오를 해야 성취하는 것인 줄 모르면 성품 밖의 특별한 경지인 양 착각하여 헤매기 때문이다.

요즘 중하근기는 업력이 많아서 돈오점수의 과정을 거치게 된다. 하지만 돈오 후의 점수는 아직 지해가 남아 있지만 돈오 전에 닦는 미혹 속의 점수하고는 질이 다른 닦음 없는 닦음으로 천양지차이다. 이러한 간화선의 활로를 확보하지 못하면 유구한 정신문화를 지키지 못하고 무조건 위파사나만이 부처님의 수행법이라는 남방의 변견을 취하여 법의 시끄러움을 벗어나지 못할 것이다. 사실 위파사나 역시 마음이 본래 부처라는 믿음을 성취하지 못하고 행하는 것은 아직 미혹 속에 있기 때문에 참다운 수행이 아닌 것이다. 왜냐하면 사성제 가운데 멸성제가 도성제 앞에 있는 것처럼 먼저 본래 부처라는 바른 믿음을 성취해야

이른 아침 처마 끝에 내리는 봄비 소리에 싱그러움이 일어나니
명주솜처럼 포근한 안개가 뒷산 허리를 휘감아 오른다.
일체 흐름이 끊겼졌던 골짜기는 이제 다시 바다로 들어가고
파도소리는 먼 바다에서 달려온 봄의 전령사다.

여덟 가지 바른 수행의 실천인 정혜쌍수를 이루기 때문이다.

한편 돈오점수로써 벗어나지 못한 지해병을 벗어날 수 있는 유일한 길은 보조 국사가 간화선을 말년에 맛없는 활구로써 격상시킨 돈오돈수의 간화경절문이다. 이것이 간화선의 본질이며 구경이기 때문이다. 그러나 성철 선사가 간화선을 한국불교에 처음 체계화시키는 역사적인 과정에서 보조 국사의 돈점을 회통시키려는 깊은 뜻을 보지 못하고 무조건 비판했던 것은 참으로 아쉬운 일이다. 하지만 오매일여를 수행 점검의 기준으로 제시한 것은 시절인연에 따른 깊은 자비라고 봐야 할 것이다. 이와 같이 결국에는 두 선사의 가르침이 둘이 아님을 알 수 있을 것이다. 그렇다면 아직 지해가 남아있는 돈오점수의 참의사구를 간화선으로 인정할 것인지가 문제이다. 결론은 보조 국사처럼 옛날이나 지금이나 하근기들을 위해서는 어쩔 수 없이 인정을 해야 할 것이다.

요즈음 전문 수행자인 선객들도 간화선을 포기하고 위파사나 수행을 떠나고 있기 때문이다. 그러므로 돈오 전의 수행뿐만 아니라 돈오 후의 참의사구로써 화두 참구와 더불어 마지막 맛없는 활구인 돈오돈수로써 일대사를 요달하는 전 과정을 간화선 수행이라고 해야 할 것이다. 또한 일 마친 간화행자가 결국 성취해야 하는 한량없는 보현행원과 관세음의 대자대비행까지를 간화선에 포함시켜야 이 시대에 맞는 수행법으로 살아남을 것이다. 그런데 더욱 확실하고 빠른 길은 선후를 두지 말고 삶의 현장에서 보살행을 실천하면 간절한 발심이 일어나므로 여기에 즉해서 본참공안으로 옮겨와서 간절한 의정을 일으켜야 할 것이다. 그래서 전문 수행자인 납자들은 안거가 끝나면 바로 한 철 공부의 점검으로 자원봉사로 만행을 시작해야 한다.

『육조단경』에서는 법에는 돈점이 없지만 사람은 둔하고 영리한 근기가 있다고 했다. 그러므로 중하근기는 돈오를 통해서 성취한 삼매가 변하지 않는 줄 알고 일체 경계를 수용하여 화두를 놓아버리면 다시 헤매게 된다. 그것은 무심을 얻었지만 아직 무심을 일체 경계에서 쓰지 못하기 때문이다. 처음에는 몰랐는데 차차 시일이 지나면서 성품이란 참으로 미묘해서 다시 물듦 없이 물든다는 사실에 절망하지 않을 수 없기 때문이다. 그래서 어리석은 마음으로 다시 돈오의 특별한 경계가 있는 줄 알고 또

120

찾아서 헤매게 되고 활로를 찾지 못하여 여기에서 아까운 세월을 낭비하게 된다.

하지만 돈오하고 나서는 일체 경계가 성품의 작용인 줄 확실하게 깨달았기 때문에 돈오하기 전에 미혹한 마음으로 화두를 챙기는 것과는 질이 다르다. 다만 견처에 대한 확실한 믿음을 성취해야만 한다. 그러면 일체 경계가 바로 현성공안을 이루므로 바로 돌이켜 회광반조하면 성품에 계합하게 되어 남은 업력을 녹이게 된다. 깨달았다고는 하지만 아직 두터운 습기 때문에 더욱 정진을 해야 하는데 일체 작용을 알아차리고 바로 본참공안에서 다시 의정을 일으키면 바로 성품과 하나가 됨을 요달하기 때문이다.

그러면 본각의 작용으로 일어나는 한 생각과 대상을 돌이켜 화두를 들어 본성에 계합하는 것은 불행수행으로 돈오점수하는 시각의 입장이 된다. 또한 본각인 돈오돈수와 시각인 돈오점수가 원증원수로 중도정견을 이루어 원만한 성품이 드러나게 된다. 그러나 돈오돈수와 돈오점수를 근기론이나 경지론으로 보면 눈앞에서 일어나는 한 생각 번뇌와 대상을 만나 성품의 작용인 줄 모르고 성품 밖에서 깨쳐야 하는 특별한 모습으로 설정하게 된다. 그러면 특별한 경지를 구하려는 어리석은 마음에 눈앞의 현실을 성품의 지혜 작용으로 활발하게 쓰지 못한다. 또한 근기가 낮다는 핑계로 수행을 포기하여 다음 생으로 미루게 된다.

한편 돈오 후에 닦음 없는 닦음이라고는 하지만 또 업력의 차이가 있기 때문에 상을 따르는 수상문정혜가 있으니 번뇌가 일어나거나 대상을 만나 알아차리면 그치게 되고 알 수 없는 성품이 나타나는데 그러면 고요하거나 신령스러움을 취하여 더 이상 나아가지 못하고 화두의 의정을 일으키지 않는다. 이것은 화두가 방편이라는 알음알이를 내거나 참의사구에 떨어져 화두가 전 생명으로 다가오지 못한 결과이다. 그러면 다시 화두가 없는 무기공에 빠져 답답하니 다시 화두를 챙기는 모습으로 이것을 수상문정혜라고 한다. 그래서 참으로 지난한 작업이 아닐 수 없지만 공력을 더해 갈수록 업력은 녹아지고 지혜가 증장되어 나날이 몸과 마음은 가벼워져서 자성을 따르는 선정과 지혜로 근기가 향상된다. 그러므로 설사 앞생각을 미혹했다고 하더라도 두려워하지 않는 것은 뒷생각을 바로 화두의정으로 돌이켜 깨달으면 성품이 출현하여 곧 의젓한 부처이기 때문이다.

　오로지 자나 깨나 하는 일은 이 일뿐이어서 동정에도 일여하고 몽중에도 일여하며 숙면에도 일여하여 빈틈이 없다. 그러나 화두에 아직 뜻이 남아 있으면 삼매를 탐하여 즐기거나 소소영영함을 성품으로 오인하여 일어나는 고급 지해를 취하게 된다. 또한 경계를 만나면 소소영영을 성품으로 오인하기 때문에 여기에서 참으로 아까운 세월을 낭비하게 된다. 그러므로 이번 생에는 사람 노릇을 포기한다는 각오로 반드시 맛없는 활구를 들어야 한다.

　또한 공부의 오매일여를 돈오 후에 비로소 성취하게 되지만 이것 또한 본래 성품 자체로서의 오매일여를 만나게 되면 망념이었음을 요달하게 된다. 성품은 허공과 같아서 미한 범부나 깨친 사람이나 아무런 차이가 없는 것이 허공에 밤이 오거나 낮이 되어도 아무런 물듦이 없는 것과 같기 때문이다. 그러므로 참다운 오매일여는 원본인 성품 자체를 말하는 것이었음을 깨닫게 되고 마침내 본뜬 화두를 타파했다고 한다. 그래서 화두는 방편임과 동시에 목적이었으며 불행수행이어서 사람의 일체 업력과 남은 지혜가 타파되고 나면 불생불멸의 반야로 얼굴을 바꾸어 영겁에 어둡지 않은 하나의 사실이 되는 것이다.

한편 오매일여의 깊은 경계에서도 화두하는 마음을 놓아버리면 티 없이 맑은 제8식을 성품으로 착각하여 깨달았다는 지혜를 내게 되며 여기에서 아까운 세월을 낭비하게 되니 참으로 억울하지 않을 수 없다. 하지만 선지식이 아니라고 지시하면서 오직 화두의 의정을 놓치지 말라고 해도 알음알이로 인한 지혜가 앞서기 때문에 벗어나기가 참으로 어렵다. 그래서 태고 선사는 오매일여의 지극한 경계에서도 화두하는 마음을 잃어서는 안 된다고 경책하였으며 원오 스님은 대혜 스님에게 오직 언구에 의심이 없는 것이 큰 병이라고 하면서 경책했으니 끝까지 맛없는 활구가 아니면 통과할 수 없는 경계임을 역설하고 있다. 그것은 제8마계인 아뢰야식인 참으로 맑은 지혜를 성품으로 착각한 지해병을 경책한 것이니 실로 무서운 일이 아닐 수 없다.

또한 여기에서 벗어나려면 선지식을 만나서 끝까지 맛없는 활구를 들어 오매일여의 지극한 경계를 통괴히여 일체가 죽어버려서 마치 목석같고 찬 재와 같으며 옛 사당의 향로처럼 미세

망념이 완전히 죽은 사람이 되어야 하는데 이것을 대사인이라고 한다. 그러나 크게 죽었지만 다시 살아나지 못한 것은 화두가 아직 성품의 밑바닥을 치지 못하여 지극한 평등을 이루지 못했기 때문이며 제8식의 맑은 지혜를 성품으로 착각한 미세망념이 아직 남아있기 때문이다. 여기에서 다시 살아나지 못하면 오랜 세월을 낭비하게 되고 잘못하면 평생을 가거나 수행을 포기해 버리니 참으로 경계하지 않을 수 없다. 그래서 제8식인 맑은 지혜를 성품으로 착각하지 말고 끝까지 맛없는 활구를 들어야 바야흐로 다시 차별경계로 살아나오게 되니 이것을 대사대활이며 사중부활이라고 한다.

그러나 상근기는 제8마계에 붙들린 가짜 화두삼매를 한칼에 끊어버려 벗어날 수 있지만 중하근기들은 여기에서 나오지 못하고 평생을 갇혀서 진퇴양난을 벗어나지 못하니 활로를 찾지 못하면 화두 없는 무기공이어서 평생 공부가 아무런 소득이 없을 것이다. 왜냐하면 화두는 바로 필경공이고 반야라는 사실과 필경공과 반야가 바로 화두라는 사실을 끝까지 요달하지 못했기 때문이다. 또한 화두가 바로 무심이어서 방편임과 동시에 목적이었으며 부처님이 순관과 역관으로 증득한 중도연기법이기 때문이다.

이렇게 화두를 타파한 일 마친 사람은 시절인연에 따라서 이제 비지쌍운의 한량없는 보현행원과 관세음보살의 대자대비를 굴리어 인연 있는 중생을 제도하게 된다. 오직 일체 경계를 성품의 지혜작용으로 굴리고 비록 아직 미진하더라도 경계를 바로 회광반조하여 염념이 물들지 않기 때문에 나날이 지혜와 자비를 쌍으로 운전하게 된다. 그래서 무심인 화두를 획득하는 것이 얼마나 귀한 일인 줄 비로소 알게 되니 부처님과 역대 조사의 은혜에 감사하고 선지식과 부모님의 은혜에 감사하지 않을 수 없다. 이러한 감사한 마음은 일체 중생을 제도하리라는 원력으로 세세생생 끊어지지 않을 것이다.

온통 뿌리까지 봄인 줄 알면
돌담 앞에 배추꽃을 볼 것이다.

모를 줄 안다

적멸의 바다에 보름달 떠오르니 천 개의 섬마다 달 하나씩 머금고 연꽃으로 피어오르고 있다. 달빛을 따라 관음상 앞에 나섰더니 초여름 밤은 풀벌레 울음소리로 밝아오고 소리마다 영롱한 달그림자 마치 관음의 교향곡이다.

사람마다 가지고 있는 천진한 성품은 보름달처럼 홀로 외로이 밝아 경계를 따라 나타나지 않는 곳이 없다. 그러므로 크게 한번 엎어진 사람은 경계를 보면 곧 마음을 볼 뿐 달리 특별한 방편을 짓지 않는다.

며칠 전 장마 준비를 위해 한길가의 전주를 타고 하늘 높은 줄 모르고 올라가는 칡넝쿨을 자르고 밭에 나가 물꼬를 점검했다. 키가 큰 옥수수와 토마토는 바람에 넘어지지 않도록 지지대를 세우고 노끈으로 동여맨다. 오이는 한참 동안 재미있게 열리더니 이제 끝물이 열린 것 같고 수박과 참외는 꽃이 한창이다.

사람마다 가지고 있는 마음은 이와 같이 신령스럽게 아는 성질을 가지고 있다. 호박은 둥근 줄 알고 오이는 길쭉한 줄 알며 배고프면 밥 먹을 줄 알고 목마르면 물 마실 줄 알며 더운 줄 알고 시원한 줄 알며 또한 이렇게 능히 모든 것을 잘 분별할 줄 안다.

그러나 어리석은 범부는 아는 대상을 따라가서 분별하고 취사선택을 하여 경계에 물들어 버리며 비록 견처를 얻은 사람도 아는 것을 통해서 소소영영함을 성품으로 오인하여 아는 놈을 경계 속에서 증명하는 것으로 수행을 삼는다. 이것은 소소영영함이 경계를 반연한 것임을 모르기 때문이다. 이렇게 신령스럽게 아는 놈을 불성이며 반야라고 착각하지만 이것은 티 없이 맑아서 무너지지 않을 것 같은 제8식인 무의식을 반야로 착각한 결과이다.

이것이 이뭣고 화두에서 나타나는 지해병일 뿐만 아니라 모든 화두를 참구함에 있어 나타나는 지해병이니 특히 경계하라고 『수심정로』에서 용성 선사는 경책하고 있다. 그러므로 소소영영 아는 것을 성품으로 착각하지 말고 바로 소각하면 알고 모르는 것에 상관이 없는 성품은 다만 알지 못함을 요달하게 된다. 그러면 아는 대상들은 머무르지 않고 끝없이 흘러 지나가기 때문에 아는 것에 매이지 말고 머무른 바 없이 무분별인 앎을 쓰면 된다. 이것이 『금강경』에서 말하는 '응무소주 이생기심應無所住 而生其心'이다. 그러나 다시 아는 놈을 찾으려고 하면 문득 알 수가 없음을 알 수 있다. 마치 눈이 없다고 찾았던 사람이 사물을 보는 순간 본래 잃어버리지 않았음을 깨달으면 눈을 보는 것처럼 다만 알지 못할 줄을 알면 이것이 곧 성품을 보는 것이기 때문이다.

양무제가 달마 대사에게 지금 눈앞에서 이야기하고 있는 사람이 누구냐고 물으니 '불식不識', 즉 '모른다' 고 대답한 것은 아는 놈을 찾으려고 하면 도무지 알 수가 없기 때문이다. 그러나 나타날 때는 이것 아님이 없으니 도는 알고 모르는 데 속하지 않는다. 영리한 사람은 많이 아는 것으로 불법을 삼아 오히려 법망에 걸려 시비를 일삼고 둔한 사람은 모르는 것으로 도를 삼아

무기에 떨어져 밝지 못하지만 깨달은 사람은 모를 줄 알 뿐이라서 앎을 자재하게 굴린다.

장마 중간마다 내리쬐는 햇살이 불볕처럼 따갑다. 산색은 어느덧 진한 초록으로 변해 바다와 하나로 만나고 숲은 어느 때보다 풍성해 보인다. 머루와 다래가 영글어 가고 천문동, 하수오, 더덕 등 여기저기 약초들이 눈에 띈다. 저쪽 바위 옆에는 여정목이 하얀 눈꽃을 피우고 하늘나리가 꽃대를 제법 통통하게 밀어올리고 있다. 터널처럼 숲으로 난 작은 오솔길을 따라 어느덧 계곡에 이르렀다. 산복숭아 익어 가는 계곡물에 두 발을 담그니 청량한 기운이 뼛속 깊이 스며들고 신령스러운 앎이 이렇게 분명하다. 하지만 돌이켜 얻으려 하면 자취가 없어 흔적도 찾을 수 없다.

깨닫기 전에는 누구나 많은 방편으로 마음의 소재를 찾아 나선다. 마치 물고기가 한 번도 물을 떠난 적이 없지만 물을 찾는 것과 같이 한 번도 마음을 벗어나지 않았지만 잃어버렸다고 착각했기 때문이다. 온갖 수행 방법으로 찾았지만 알고 보니 결국에는 한 번도 잃어버린 적이 없었다. 마치 파도가 물을 떠나지 않았듯이 찾는 마음이 이미 쓰고 있는 본래 마음임을 깨달았다. 그래서 마조의 홍주종에서는 일체 번뇌와 부딪치는 대상이 그 대로 마음의 작용이기 때문에 촉류시도라고 했다. 또한 작용으로 나타날 때는 두루하지 않는 곳이 없지만 돌이켜 찾으려고 하면 흔적도 없는 것은 마음 스스로는 볼 수가 없고 오직 작용으로 확인할 수 있기 때문이다. 마치 눈이 눈을 볼 수는 없지만 보여지는 대상마다 눈을 확인하는 것과 같다.

한 생각 번뇌가 일어나거나 대상을 만나 바로 알아차리면 흔적 없이 사라지고 오직 알 수 없는 성품이 출현한다. 그러나 여기에 머물지 말고 오직 모르기 때문에 본참공안에서 의정을 일으켜야 한다. 그러면 이제까지 배우고 익혀서 안 것은 흔적도 없이 사라지고 뭐라고 이름 붙일 수 없지만 눈앞에는 알 수 없는 것만이 현전하는데 이것이 보조 국사가 『간화결의론』에서 말한 불무더기와도 같은 화두이다. 일체 망념이 여기에는 붙지 못하는 것이 파리가 온갖 것에는 옮겨 다니지만 불에는 앉지 못하는 것과 같고 마치 용광로와 같아서 일체 번뇌를 태워 버리는 것이 봄눈이 녹는 것과 같다. 그래서 알 수 없는 화두삼매에 일체 업력이 녹아지고 지혜와 자비가 증장한다. 오직 알 수 없는 화두 하나를 획득하는 것이 얼마나 귀한 것인 줄 알게 되면 비로소 자기의 생명이 되니 선사들이 화두가 없는 사람은 죽은 사람이라고 말을 했던 것이다.

또한 경계하는 것은 정진의 과정에서 나타나는 고매한 지견인 알음알이를 성품으로 삼으면 바로 공부길을 잃어버려 헤매게 되기 때문이다. 보조 국사는 이러한 심경을 비록 공부의 바른 뜻을 얻어 부지런히 닦아 헛되이 공부하지 않을 때가 없었으나 뜻으로 얻은 견해를 잊지 못하여 마치 한 물건이 가슴에 걸려 원수와 함께 있는 것 같았다고 참으로 억울한 고백을 하고 있다.

공부길에서 길을 잃고 헤매어 허송세월을 해본 사람은 그 심정을 가히 헤아릴 수 있을 것이다. 보조 국사는 지리산 상무주 암에서 십여 년을 살면서『대혜보각선사어록』을 얻어 보았는데 "선은 고요한 곳에도 있지 않고 또한 시끄러운 곳에도 있지 않으며 날마다 만나는 대상과 응하는 곳에도 있지 않고 생각하고 분별하는 곳에도 있지 않다. 그러나 고요한 곳과 시끄러운 곳,

날마다 쓰는 대상에 응하는 곳과 헤아려 분별하는 곳을 버리고 참구해서는 안 된다. 그러다가 갑자기 걸림 없는 지혜가 나타나면 이 모든 것이 집안일인 줄을 비로소 알게 된다"라는 대목에 크게 계합해서 깨달으니 저절로 물건이 가슴에 걸리지 않게 되고 원수와도 한 곳에 있지 않게 되어 그 자리에서 편안하고 즐거웠다고 알음알이를 벗어난 기쁨을 토로하고 있다.

이것은 돈오를 의지해서 닦았지만 알음알이로 인하여 길을 잃고 헤매게 되었으니 지혜의 병이 성품을 가리었기 때문이다. 그래서 보조 국사는 대혜 선사의 『서장』을 보고 다시 맛없는 화두를 제시하여 활구로써 일체 지해를 소탕하고 본각을 성취한 것이다. 참으로 '알 지知' 자 하나가 모든 화의 근원이라는 말이 실감나지만 바로 돌이켜 활구의정을 이루면 또한 모든 행복의 문임을 깨닫게 되니 오직 지해를 탓하지 말고 화두에 의정이 없음을 두려워해야 한다. 그것은 지해를 떠나서 지혜를 이루려고 하지 말고 지해를 바로 활구의정으로 돌이키면 바로 지혜가 돈발하게 되기 때문이다. 하지만 양변을 초탈하여 한 법도 세우지 말아야 걸림 없는 지혜를 마음대로 쓰게 된다.

아무런 맛없는 화두삼매의 즐거움은 세상의 어떤 맛보다도 수승하기 때문에 지혜와 자비를 증장시켜 일체 업력을 녹여 낸다. 그러나 수행의 길에서 알음알이를 나도 모르게 취하게 되면 바로 공부길을 잃어버리고 다시 헤매게 된다. 그렇지만 가만히 점검해서 그놈의 알음알이를 바로 돌이키면 거기에 성품이 있어서 다시 의정이 돈발하게 되니 오직 화두의정이 귀할 뿐이다.

오직 알 수 없는 의정 하나를 끝까지 밀고 가면 알 수 없는 것에 머물지 않고 다만 알지 못할 줄을 요달하게 되는데 비로소 알지 못할 줄 알면 성품을 보게 되기 때문이다. 그러나 요즈음 '뿐'이라는 말이 유행이 되어 '오직 모를 뿐'이라고 하면서 성품을 모르는 것으로 단정해 놓고 그 자리에 망념을 내려놓는 것으로 공부를 삼는다면 성품은 알고 모르고를 떠난 앎이기에 장애를 입어 점점 답답해지고 무기력해져서 활발발한 성품을 매각하게 된다.

오직 모를 줄 아는 것은 알고 모르고에 상관없는 본래 성품이기 때문에 '모를 뿐'을 돌이켜 바로 화두의정을 일으키면 알지 못할 줄 아는 성품에 바로 계합하게 된다. 또한 한 생각 번뇌가 일어나거나 대상을 만나 바로 깨달으면 바로 현전일념이 되고 경계와 하나가 된다. 그러나 여기에 머물면 무기력해지니 주객이 사라진 화두의정으로 온종일 지속해 나가야 한다. 그러면 아는 것은 흔적 없이 사라지고 오직 모를 줄 아는 성품을 시절인연을 만나 곧 득력하게 될 것이다.

한편 주인공이라는 말이 성품의 다른 이름이기에 망념이 일어나거나 대상을 만나 바로 알아차리고 주인공에 내려놓으면 흔적 없이 사라져 편안해진다. 그러므로 망념이 일어나거나 경계가 다가오면 주인공을 불러서 바로 내려놓으면서 정신 차리라고 하는 것으로 공부를 지어가게 된다. 그러나 이것은 주인공인 성품이 공한 줄 끝까지 요달하지 못했기 때문에 경계를 돌이키면 눈앞에 분명하게 나타나며 또한 부르면 무너지지 않는 금강처럼 다가오기 때문이다. 그래서 불러내어 정신을 차리라고 하지만 이때의 주인공은 제8식인 마음이다.

한편 여기에서 주인공은 8식이 공한 반야가 아니기 때문에 부르면 곧 대답하여 마치 금강처럼 무너지지 않을 불멸의 성품으로 나타난다. 그래서 반야를 획득해야 주인공이 공함을 요달하여 더 이상 부를 일이 없는데 그렇지 못하면 평생을 불러야 하니 아직 할일을 마치지 못한 것이다. 그러므로 수행의 방편으로 권장한다면 안 될 것이다. 그것은 주인공이 바로 마음이고 마음이 주인공이어서 둘이 아니지만 주인공은 마음이 되어 부를 수는 있어도 마음은 주인공이 되어 대답할 수 없다는 것을 모르기 때문이다. 주인공은 일체 경계에 두루하여 나타나지만 찾으려고 하면 흔적도 찾을 수가 없으니 본래 공이다. 그러므로 없는 주인공을 불러내어 정신 차리라고 할 수는 더욱 없을 것이다.

불성은 아는 성질을 가지고 있는데 이것은 알고 모르는 것을 떠난 무분별의 앎이다. 그러나 보통 사람들은 배워 익혀서 아는 것을 불성이라 착각하고 선과 악을 차별하지만 이것이 바로 생사윤회의 고통을 받는 근본인 줄 알아 양변을 떠나야 한다. 그러므로 일용처에서 일어나는 희로애락 시비분별에 선악이라는 판단의 잣대를 두지 말고 그냥 순수하게 바로 알아차리면 흔적 없이 사라지고 오직 알고 모름의 양변을 떠난 무분별의 앎이 바로 현전한다. 그러므로 불성은 견문각지가 아니지만 또한 견문각지를 떠나서 따로 존재하는 것이 아님을 알게 된다.

이와 같이 불성은 작용을 바로 알아차리면 곧 나타나지만 여기에 머무르면 아직 증득하지 못했기 때문에 아무런 힘이 없다. 그래서 한 걸음 나아가서 눈앞에 나타난 이것이 도대체 무엇인가 본참공안에서 의정을 일으켜야 한다. 그러면 현전일념과 하나가 되어 일상삼매를 이루게 된다. 그러나 초심자는 쉽게 의정이 일어나지 않기 때문에 우선 불성을 확인하는 작업을 하다 보면 참으로 궁금한 마음이 일어나서 이제는 더 이상 여기에 머물지 않고 불성의 소재와 전모를 확실하게 체득하고 싶은 분심으로 간절한 의정이 솟구쳐 오른다.

조사스님의 모든 화두가 말머리인 불성을 바로 지시하는 말이며 이것이 사람에게 있을 때는 불성이며 일체 중생이 평등하게 가지고 있다는 차원에서는 법성이라고 부른다. 수행의 시작은 불성에 대한 확실한 믿음으로부터 출발하여 불성을 증득하고 마음대로 쓰는 것이며 생사에 자재하는 것이다. 그러나 보통 사람들은 번뇌를 제거해서 부처를 이루려고 하니 이것은 중생심으로 부처가 다시 부처를 이룰 수 없기 때문에 올바른 수행이 아니다.

부처란 성품을 본 사람이며 성품을 보기 위해서는 우선 성품이 부처인 줄 확실하게 믿고 깨치면 된다. 그러면 성품은 작용속에 나타나니 보는 것이 바로 성품이다. 그러나 처음 수행하는 사람들은 한 생각 일어나는 번뇌와 대상이 바로 불성인 줄 모르고 따로 성품이 있는 줄 착각하여 구하려고 하지만 끝내 얻을 수 없다는 사실을 알게 된다. 그러면 마침내 수행의 대전환이 이루어지게 되어 더 이상 밖으로 구하지 않는다. 그래서 번뇌와 대상을 알아차리고 나면 흔적 없이 사라지고 눈앞에는 오직 알 수 없는 것이 홀연히 출현하는데 바로 여기에 즉해서 본참공안에 화두의 의정을 일으켜야 바른 간화선이 된다.

잠이 든 항구에
배 한 척 깨어 있어
달과 함께 놀고 있다.

어젯밤 보름달이 먹구름 속에서 살짝 얼굴을 내밀었으니
칠흑같은 절망 속에도 희망은 있다는 소식이며
마음 달은 비록 번뇌에 가리어 있지만 지금
한 생각을 돌이키면 바로 출현하여 본래 둥글고 원만한 모습을 보여준다.

소 먹이는 행과
호랑이 눈

숲에는 비가 흠뻑 내리고 살랑거리는 바람에 초록빛 물결은 수채화처럼 번져서 어느덧 바다와 함께 넘실거리고 있다. 계절의 여왕 오월이라는 이름에 걸맞지 않게 성급하게 찾아온 무더위는 어느덧 꼬리를 감추고 파도소리는 오늘 따라 유난히 가깝게 들려오고 있다. 지금 되돌아보면 외환위기라는 어려운 시절 인연 속에서도 골프선수 박세리는 국민들에게 희망과 용기를 주었고 이번에 겪고 있는 미국발 금융쇼크로 지쳐 있는 이웃들에게 피겨스타인 은반의 요정 김연아는 또 한번 큰 자부심을 안겨주었다.

또한 부처님 오신 날의 환희가 끝나고 연이어 찾아온 맨유의 축구스타 박지성 선수의 골 소식이 지칠 줄 모르는 활기와 멈출 수 없는 활력으로 다가와 때 이른 무더위의 스트레스를 날려 버렸다고 사람들은 즐거워하고 있다. 이 땅에서 태어난 토종들이 세계적인 경쟁 마당에서 서 있는 곳마다 당당하게 주인이 되어 기쁨을 전해 오고 있다. 그동안 이들이 얼마나 많은 밤을 홀로 깨어 정진의 칼날을 갈았는지 되돌아보고 이제는 프로 정신을 함께 해야 할 것이다.

고려시대 보조 국사는 스스로 호를 '소치는 사람'이란 뜻으로 '목우자'라 하였고 입적하기 전까지 끝없이 수행을 향상시켰으며 마지막에는 『간화결의론』을 지어 처음 이 땅에 간화선을 제창하여 한국 선불교의 대표적인 수행법으로 자리매김하게 하였다. 수행이란 마치 무성한 번뇌의 수풀 속에서 잃어버린 마음의 소를 찾아나서는 것과 같고 다시 회복하기 위한 방법으로 간화선을 제시하였다.

수행자는 간절한 발심으로 눈앞에 펼쳐진 모든 존재가 연기 속에 있다는 것을 깨닫기 위하여 길을 나서게 된다. 그러면 우선 요구되는 것으로 마음이 본래 부처라는 사실을 철저하게 믿어 밖으로 구하는 마음을 쉬어야 한다. 이와 같이 발심이 일어나면 마음이 도대체 어떻게 생겼는지 참으로 궁금하여 찾아 나서게 되는데 이것이 소를 찾아 나서는 '심우'이다. 마음이 본래 부처라는 확실한 믿음이 성취되면 마음은 작용으로 나타나기 때문에 일체가 마음 아님이 없음을 보게 된다. 이것이 '견적'으로, 소 발자국을 본다는 것은 일어나고 사라지는 생각 속에 마음이라는 소가 있다는 사실에 눈을 뜨고 모든 존재가 연기의 모습임을 어렴풋이 깨닫게 된다. 그러면 고통의 현실이 어느덧 풀리게 되고 마음이 너그럽게 열리게 되며 연기의 주체로서 마음은 공하다는 사실을 이해하게 되는데 이것이 '견우'이다.

그러나 눈앞에 작용으로 나타난 마음의 소가 있는 줄은 분명하게 보았으나 아직 얻지는 못했기 때문에 간절한 정진을 끝없이 들이대면 문득 깨닫게 되는데 이것이 바로 돈오인 '득우'의 단계이다. 이러한 돈오의 경계는 간절한 마음으로 뼈를 깎는 정진의 과정을 통하여 나타난 것이다. 깨닫고 보니 마음은 본래 완전하여 깨달은 부처나 미혹한 범부나 아무런 차별이 없으며 한 번도 잃어버린 적이 없어서 찾으러 나선 것이 오히려 우스워

소를 타고 소를 찾았음에 너무나 허탈하여 한바탕 웃게 되는데 아무런 소득이 없기 때문이다.

그러나 상근기는 돈오돈수여서 더 이상 할 일이 없지만 하근기는 여전히 습기가 남아 있어 깨닫기 전에는 수행한다고 했지만 아직 미혹 속에서 헤매다가 비로소 깨달았기 때문에 깨닫고 나서부터 진짜 수행이 시작된다. 그러면 눈앞에 나타나는 일체 대상과 번뇌가 바로 마음의 모습임을 깨달아 회광반조하면 성품에 계합하기 때문이다. 그래서 보조 국사는 돈오보림의 방편으로 정혜쌍수의 화두를 제시하고 있으며 나옹 선사나 태고 선사도 화두를 공적영지로 설하고 있다.

한 생각 번뇌가 일어나 바로 깨달으면 그치게 되고 눈앞에는 오직 알 수 없는 것이 문득 나타난다. 이때 틈을 주지 말고 바로 돌이켜 본참공안으로 다가와서 알 수 없는 화두에 의정을 일으키면 성품에 계합하게 되니 시각으로서 간단없는 화두의정을 통하여 본각인 성품에 염념이 계합하게 되면 일체 습기가 녹아지기 때문이다.

이렇게 한 치의 틈을 주지 않고 화두의정을 통해서 마음의 소를 길들인 공력으로 선사들은 여러 차례 깨달음을 경험하게 되는데 확철하게 증득하지 못한 것은 아직 화두에 뜻이 남아 있었기 때문이다. 그러나 이러한 방편을 취하지 않을 수 없는 것은 근기가 하열한 사람은 여러 번에 걸쳐서 짐을 벗기 때문이다. 그러므로 끝까지 화두의정을 포기하지 않고 밀고 나가면 이제는 더 이상 뜻이 남아 있는 참의사구를 버리게 되고 이러한 지난한 과정이 참의사구 때문임을 비로소 알게 되어 참으로 맛없는 활구를 늘어야 함을 깨닫게 된다.

이러한 과정을 돈오점수의 방편으로 『수심결』에서 제시했다가 말년에 『간화결의론』에서 맛없는 활구인 간화경절문을 도입한 것이 보조 국사의 특별한 가르침이다. 이것이 '목우'라는 오후 보림을 통한 '기우귀가' 하는 모습이다. 그러나 여기에 머무르면 아직 주객의 흔적이 남아 있어 구경에 이르지 못하므로 끝까지 오직 맛없는 활구를 들어야 비로소 객관이 사라지는 '도가망우'와 다시 주관이 사라지는 '인우구망'에 이르게 되고 증오를 이루게 된다. 또한 '반본환원' 하고 '입전수수' 하여 자비의 손길을 널리 중생들에게 베풀게 되니 이러한 수행의 과정을 열

가지로 도식화하여 깨달음으로 인도하는 모습이 십우도의 내용이다.

　그러나 상근기는 이러한 지혜의 과정 없이 바로 맛없는 활구를 참구하게 되는데 이것이 돈오돈수로써 화두하는 모습이지만 과연 몇 사람이나 그렇게 되었는지 모르며 설사 그런 사람이 있다고 해도 이것은 전생에 돈오하여 점수한 결과이니 돈오점수를 벗어나지 못한다고 보조 국사는 『수심결』에서 설하고 있다. 그러나 돈오돈수의 입장에서는 오히려 돈오점수의 참의사구는 알음알이를 조장하여 더 이상 나아가지 못하게 하여 증오할 수 없는 위험을 내포하고 있기 때문에 경계를 하는 것이다. 그러므로 보조 국사는 하근기를 위한 방편으로 제시했다가 『간화결의론』에서 돈오돈수의 맛없는 활구 참구로 격상시키고 있다. 또한 이러한 병폐를 무자화두십종병으로 제시하고 간화선을 돈오돈수의 경절문으로 자리매김시켰던 것이다. 이것이야말로 간화선의 완성이며 구경이기 때문이다. 무자화두십종병은 대혜 선사가 『서장』에서 제시했던 무자화두 여덟 가지 병에 두 가지를 추가한 것으로 선사가 얼마나 지해병 때문에 길을 잃고 헤매었는지 알 수 있다.

또한 이것이 수행의 과정에서 길을 잃고 헤매는 후학들에게 오히려 큰 자비로 제시된 것이다. 그러므로 화두에 뜻이 남아 있는 참의사구는 지해가 남아있어 증오할 수 없지만 하근기들을 위해서는 어쩔 수 없는 방편이 아닐 수 없을 것이다. 오늘날 이러한 방편을 무시하고 무조건 상근기의 맛없는 활구 참선을 주장하지만 하근기들은 위파사나를 비롯한 여러 수행법들로 활로를 찾고 있어 간화선 무용론이 제기되는 상황이다. 활구 참구의 간화선이 비록 수행의 완성이라고 하지만 너무나 고준한 전문 수행자들의 방법이기에 재미가 없어서 포기해 버리니 이제는 돈오점수의 방편으로 근기를 점차로 향상시켜야 할 것이다. 그러나 결코 머물러서는 안 될 것이다.

보조 국사는 조계종의 중흥조이며 최초로 『간화결의론』을 지어 간화선 선풍을 이 땅에 우뚝 세웠다. 또한 한국 선불교를 세계정신으로 자리매김시킨 벽을 넘어선 선사이니 더욱 업적을 기리고 찬탄해야 할 것이다. 국사는 평생 특별한 스승은 없었지만 언제나 『금강경』으로 법을 세우고 『육조단경』을 스승으로 삼아 법을 설했으며 대혜 스님의 『서장』과 이통현의 『화엄론』을 양쪽 날개로 삼았다. 또한 성적등지문과 원돈신해문, 간화경절문의 세 가지 문을 의지해 수행하게끔 지도했다. 이것은 선과 교를 회통하고 모든 근기를 섭수하려는 자비심의 발로였으며 독특한 한국 선불교의 체계를 완성한 것이다.

선사의 평생 걸음걸이는 이와 같이 소처럼 서두르지 않았지만 멀리 보고 두루 섭수하는 투철한 안목과 정진은 입적하는 순간까지 멈추지 않았다. 또한 고려시대 불교가 처한 병폐를 날카롭게 비판하여 정혜결사운동을 일으켜 새로운 불교운동으로 간화선을 제창하셨다. 이것은 호랑이처럼 깨어있는 눈으로 일체 경계를 성품의 지혜작용으로 돌려쓰는 선사의 탁월한 지혜가 아닐 수 없다.

입적하기 하루 전에는 시자에게 궁금한 것이 있으면 묻도록 하여 밤새워 문답 하다가 새벽에 이르자 대중들을 선법당에 모이게 하였다. 그리고 평상에 걸터앉은 채로 물음에 걸림 없이 대답하시니 이치가 자세하고 말씀이 정확했다. 마지막 어떤 스님이 묻기를 "옛날 비야리성의 유마거사가 병을 보이셨고 오늘

목우자가 병을 보이시니 같습니까, 다릅니까?"라고 했다. 이에
국사는 너는 같고 다름을 배웠느냐고 하시며 주장자를 두 번 치
고 이르시길 "천 가지 만 가지 일이 다 이 속에 있다"고 하시며
이내 입적하셨다.

풀잎은 저마다 삼복더위의 단련을 거치면서
점점 몸을 낮추고 더욱 진한 풀향기를 토해낼 것이다.

148

일체 강물이 바다에서 만나 일미의 짠맛을 이루듯이 모든 생명은 존귀하고 평등하다.
그러므로 나의 몸에 견주어 때리거나 죽이지 말아야 한다.
새가 두 날개로 날듯이 자비에는 반드시 지혜가 함께해야 온전하여
생사의 바다를 건너서 열반에 이르게 된다. 바다에서 험한 파도를 만나면
안전한 섬에 의지해야 하듯이 자기를 섬으로 삼고 부처님 법을 섬으로 삼아야 한다.

모든 현상이 공한 곳에
신령스러운 앎이
어둡지 않다

칠흑 같은 어둠을 밝히고 밤새워 내리던 장대비가 그치고 난 오후, 바다는 황톳빛 물감을 풀고 파도소리는 더욱 장엄하고 숙연하게 들린다. 바람은 처마 끝 풍경을 울리고 또다시 창문을 흔들고 지나간다. 청개구리는 연잎에 남은 빗방울을 엎지르고 풀벌레와 더불어 지난 밤 다하지 못한 합창을 시작하고 있다. 적막했던 도량은 어느덧 소리의 향연으로 가득하다.

한바탕 장맛비가 지나가고 나니 파도는 다시 잔잔한 미소로 넘실거리고 있다. 파도는 물을 떠나지 않았고 물은 파도를 떠나지 않았듯이 성품의 본체와 작용은 둘이 아니다. 모든 현상은 물거품 같고 아지랑이 같아서 번뇌 망상과 일체 대상은 본래 공한 것이지만 이 모든 현상이 본래 공한 곳에 신령스러운 앎이 어둡지 않다. 이와 같이 텅 비어 고요한 가운데 신령스럽게 아는 것이 누구나 가지고 있는 공적영지한 본래 마음이기 때문이다.

한 생각 번뇌가 일어나거나 일체 대상을 만나 먼저 바로 알아차리면 경계는 흔적 없이 사라지고 더없이 그윽한데 이것을 고요함이라고 한다. 그러나 고요함을 취하면 잠시 마음이 편안할지 모르지만 화두가 없는 무기공에 떨어져 마치 가위눌린 듯이 답답하다. 여기에 오래 머무르면 고요함에 관성이 붙어 집착이 생기게 되고 그러면 시끄러운 곳을 떠나려는 병폐가 생기며 현실을 부정하고 오래 앉아 있는 것으로 공부를 삼게 된다. 더욱 심하게 되면 모든 것이 무상하다는 알음알이가 병이 되어 마치 블랙홀이 일체 빛마저 삼켜버리듯이 무상하다는 치우친 생각에 일체가 매몰되어 허무하여 죽고 싶다는 극단적인 생각이 일어나게 되니 참으로 경계를 해야 한다. 그러므로 여기에 머물지 말고 빨리 벗어나야 하는데 무상하다고 생각하며 답답한 줄 아

는 것이 또한 성품이니 바로 돌이켜 화두의 의정을 일으키면 곧
벗어나게 된다. 이것을 적적성성이라고 하는데 화두가 바로 적
적성성이기 때문이다.

한편 한 생각 번뇌가 일어나거나 대상을 만나 바로 알아차리
면 경계는 흔적 없이 사라지고 눈앞에 오직 알 수 없는 것이 홀
연히 나타나는데 이것을 신령스러움이라고 한다. 그러나 공부
의 힘이 아직 약하기 때문에 신령스러움을 다시 취하여 화두가
없으면 무기공에 빠지게 된다. 그래서 영리하지만 선정이 없는
도거에 떨어져 산란해지니 신령스러움을 취하지 말고 다시 바
로 화두의정으로 돌이켜야 한다. 그러면 성성적적의 성품에 바
로 계합하니 화두가 곧 성성적적이기 때문이다. 이런 상을 따르
는 조각난 공부의 모습은 점점 공력을 아끼지 않으면 어느덧 향
상되어 성성적적과 적적성성으로 한 조각을 이루게 된다.

한편 나옹 선사는 한 생각 일어나고 사라지는 것이 생사이니
마땅히 혼신의 힘을 다하여 화두를 제기하라고 했다. 그러면 일
어나고 사라지는 생각이 바로 다하게 되고 신령스러운 성품이
돈발하게 되는데 이것을 신령스러움이라고 했다. 그러나 신령

스러움을 취하여 화두가 없으면 무기에 떨어지니 바로 화두를 제기하여 공적과 영지가 더욱 빈틈없이 하나를 이루어 흐트러지지 않게 하라고 했다. 이와 같이 지속되면 머지않아서 성품을 보게 된다고 나옹 선사는 화두를 공적영지로 제시하고 있다. 태고 선사 역시 화두를 공적영지로 제시했다. 『수심결』을 간화선의 입장에서 풀어보고 싶었던 것은 두 선지식이 이처럼 화두를 공적영지로 설명하는 데서 처음 착안하게 되었다. 그러므로 두 선지식은 『수심결』의 영향을 받았다고 해야 할 것이다.

한편 공적에 치우쳐 무기공에 떨어지면 화두의 의정을 통해서 공적영지를 이루고 다시 영지에 치우쳐 산란함을 이루면 다시 화두에 의정을 일으켜 영지공적을 이루어 본 성품과 평등을 이루게 된다. 하지만 이것은 화두에 아는 것이 아직 남아있어 맛이 없는 한 조각을 이루지 못한 흔적이다. 그래서 보조 국사는 『간화결의론』에서 이른바 맛없는 활구는 성품 속에 이미 갖춘 바 백천의 삼매와 한량없는 뜻을 구하지 않아도 뚜렷이 얻게 되니 지금까지 해왔던 치우친 방법인 뜻과 이치를 들어서 앎으로 얻은 바가 없기 때문이라고 했다. 또한 이것을 선종의 바로 끊어드는 문에서 화두를 참구하여 깨달아 들어가는 비결이라고 해서 '간화경절문' 이라고 했다.

서산 대사는 『선가귀감』에서 간화경절문이란 마치 코끼리가 바다를 건너갈 때 곧바로 물을 박차고 저 언덕을 건너감에 비유하고 있다. 그렇지만 보조 국사는 이와 같이 올바른 공부길에 들어섰다고는 해도 다시 알음알이가 병이 되어 참성품을 보기가 어렵기 때문에 사사무애의 지혜에 걸린 병폐를 무자화두십종병으로 제시하여 사정없이 경책하고 있다.

그러면 운전하면서 어떻게 공적영지가 드러나는지 살펴보자. 흔히들 운전을 하면서 어떻게 화두를 드는지 궁금해하거나 수행이 잘 되지 않는다고 말한다. 그것은 마음이 본래 부처라는 믿음을 성취하지 못하여 생활과 수행을 둘로 보거나 몸과 마음을 둘로 보는 차별의식이 아직 남아 있기 때문이다. 그러면 작용 속에 나타난 성품을 바로 화두의정으로 돌이키지 못하고 운전을 떠나서 따로 화두를 챙기려고 한다. 운전할 때는 성품이 운전하는 데 있으므로 이것을 떠나서 화두의정을 제기하면 안 된다.

운전자가 먼 길을 떠날 때 먼저 차량의 안전 상태를 점검하듯이 마음이 본래 부처이며 성품은 작용하는 데 있다는 확실한 믿음이 성취되었는지 다시 한 번 점검해야 한다. 그러면 일어나는 번뇌와 차창으로 끝없이 변하는 대상이 현전일념으로 만나고 다시 본참공안인 화두의정으로 돈발하게 된다. 또한 운전자가 도로 사정에 따라서 속도를 조절하듯이 화두에 의정이 없으면 공적에 치우치게 되고 또한 아는 마음으로 사량에 치우치면 과속하는 것과 같아서 성품에 바로 계합하지 못하므로 반드시 정혜쌍수한 화두를 제시해야 운전삼매를 이루게 된다.

만약 경계에 끌려가거나 졸음에 빠지게 되면 화두를 망각하게 되는데 바로 알아차리면 나타나는 오직 알 수 없는 화두를 제기해야 한다. 그러나 졸음이 심할 경우 휴게소에 내려서 볼일을 보고 세수도 하며 몸을 움직이면서 크게 작용시켜 주면 움직이는 곳마다 나타나는 성품을 확인하게 되는데 여기에서 다시 본참공안으로 옮겨와 화두를 제기해야 한다. 그러면 운전과 화두를 제기하는 것이 둘이 아니어서 온통 운전삼매를 이루어 피곤한 줄 모르며 참으로 화두공부의 묘를 얻게 되어 간화선의 수승함이 무엇인지 비로소 맛을 보게 된다.

한편 복잡한 전철 속에서나 시끄러운 시내 한복판에서 화두를 제기하는 모습 또한 둘이 아니다. 문제는 화두에 특별한 뜻이 있다고 사량하거나 지금 여기에서 작용하는 곳을 떠나서 의정을 짓는다면 죽은 의정이며 현실과 항상 대립되어야 하므로 화두 수행이 재미가 없다. 또한 현실과 단절되므로 삶 속에서 아무런 도움이 되지 않는다고 생각하여 간화선을 멀리하거나 다른 수행법으로 바꾸게 된다.

지금 미국에서 들려오는 이야기는 일본 선사들로부터 간화선의 영향을 받아 수행을 해 오던 사람들이 위파사나로 수행의 방법을 바꾸고 있다고 한다. 그것은 올바른 간화선의 방법을 모르고 했기 때문이며 머리로는 천칠백 공안을 해결했다고 하지만 그것은 해오라서 점점 현실과 멀어져가고 진정한 평화와 안락의 깨달음도 오지 않았기 때문일 것이다. 그래서 알음알이로 공안을 해설하는 것은 많은 사람의 눈을 멀게 하고 자기의 성격 하나도 바꿀 수 없기 때문에 오직 맛없는 활구 참구를 해야 한다.

또한 항상 지금 여기 작용을 취하거나 버리지도 말고 먼저 있는 그대로 바로 알아차리면 흔적 없이 사라지고 오직 알 수 없는 것이 홀로 드러나 의정이 돈발하니 따로 화두를 챙길 것 없이 바로 즉해서 화두를 제기해야만 한다. 이것이야말로 간화선의 원리이며 화두가 바로 성성적적이며 적적성성이기 때문이다.

처음 운전을 배울 때는 힘이 들지만 노련해지면 운전하면서 차창으로 지나가는 경치를 즐기며 음악을 들을 수 있는 여유가 생기듯이 화두에 의정을 제기하는 것도 마찬가지이니 끝까지 포기하지 말아야 한다. 왜냐하면 마음은 경계를 따라서 나타나기 때문에 운전하면서 오히려 쉽게 알아차릴 수 있지만 고요함 속에서는 마음을 살피기가 어렵기 때문이다.

어디로 가야 하나
길 따라 가지.

무덥고 칙칙한 여름날
모든 이웃들의 넉넉한 품으로 다가와
후드득 성긴 빗방울 소리 폭염을 가리는 양산이 되기를 발원하며
파초 따로 따로 따로 걸음마를 하고 있다.

간화선과
위파사나의
만남

　장마가 잠시 그치고 나니 도량은 온통 바다안개로 덮여 있고 산과 바다는 어느덧 일합상이 되었다. 본래는 청산이 주인이더니 오늘은 백운이 주인이 되어 마치 한 폭의 동양화를 그리는 듯 여백을 만들어 산을 드러내고 바다를 열어 놓는다. 뒷산 관음봉은 눈 덮인 설산처럼 높이 솟아 있고 섬들은 하얀 연꽃으로 피어오르고 있다. 다시 구름은 앞산에 걸려 있는 저녁노을을 만나 가지가지 형상을 만들어 하늘은 마치 한 폭의 동양화를 보는 듯 환상적이다.

　마음은 이와 같이 빈 하늘에 형상을 드러내는 구름처럼 화가와 같아서 온갖 작용을 불러일으킨다. 처음 발심하여 마음을 닦는 사람들은 아직 공부길을 모르기 때문에 생각 생각 일어나는 번뇌를 끊는 것을 마치 돌로 풀을 누르는 것처럼 하고 몸을 조복받는다고 하여 가지가지 고행이나 단전호흡을 통한 기를 돌리는 것으로 공부를 삼는다. 또한 항상 고요한 것을 탐하여 선정을 닦고 이러한 수행의 결과로써 언젠가는 부처를 이루겠다는 막연한 생각으로 공부를 짓는다. 하지만 이것은 아직 헤매고 있는 모습일 뿐 참다운 수행이 아니다.

선이란 불이법에 들어가는 문으로서 번뇌를 없애고 깨달음을 얻거나 닦아서 성품을 보는 것이 아니며 중생을 떠나서 부처를 구하는 것이 아니다. 마치 진흙 속의 연꽃처럼 더러운 곳에 처해 있으나 항상 깨끗하며 티끌 같은 세상에 섞여서 살지만 티끌을 벗어나며 단박에 성품을 보는 돈오여야만 한다.

초등학교 때 호흡이라는 말을 의심하여 숨이 막힐 것 같은 경험을 한 이래로 단전호흡을 수행의 방편으로 삼았다. 하지만 부처님 호흡과는 그 질이 달라서 집착이 일어나 몸에서 오는 즐거움에서 벗어나기가 참으로 어려웠다. 그런데 수도암 선원에서 하안거를 지내면서 상기병을 얻어 머리가 터질 것만 같아 더 이상 어쩔 수 없어 구참스님들에게 물어보았는데 특별한 방법은 없다고 했다. 다만 급한 마음을 쉬지 않으면 머리가 터질 수 있다고 했다. 그래서 도중에 안거를 파하고 남인도에 있는 이가푸리 고엔카 위파사나 센터로 가서 십일코스에 참가하게 되었다. 거사님의 자비심으로 충만한 가르침과 친절한 인터뷰를 통한 수행의 일일 점검은 훌륭한 선지식의 모습이 이러함을 보여주고 있었다.

부처님 호흡은 단전호흡과는 달라서 어떠한 테크닉을 부여하지 않고 호흡이 들어오면 단지 들어오는 줄 알고 나가면 다만 나가는 줄 알아차리면 일어나고 사라지는 생각도 따라서 알아차리게 되어 상기병은 씻은듯이 사라졌다. 상기가 오르면 우선 급한 마음에 내리려고 하기 때문에 오히려 대립이 생겨서 꼬이게 되지만 먼저 알아차리고 호흡과 하나가 되면 바로 사라지게 된다. 또한 상기가 오히려 가장 예민한 감각이 되어 관찰의 대상으로 다가오니 수행의 더없는 재료가 되었다. 이와 같이 일어나고 사라지는 망상이나 대상을 만나면 바로 알아차리고 호흡에 내려놓으면 고요하게 되는데 이것이 집중의 훈련으로 사마타였다.

그러나 집중에 머무르면 마치 말뚝에 매인 소나 염소처럼 자유롭지 못하게 되는데 초심자들은 워낙 산란심이 많이 일어나기 때문에 잠시 방편을 취하지만 여기에 오래 머무르면 오히려 무기력해진다. 그러므로 이제는 일어나는 망상이나 대상을 먼저 알아차리면 그치게 되고 바로 호흡을 함께 하면 더욱 뚜렷하게 성품이 드러나는데 이깃을 위파사나라고 한다. 그러나 아직 수행의 힘이 약하므로 초심자는 금방 놓치게 되는데 그러면 빨리 알아차리고 다시 호흡의 집중인 사마타를 행하면 곧 다시 안정이 이루어진다. 그러면 여기에 머무르지 않고 다시 먼저 대상을 알아차리고 다음에 호흡을 집중하면 사마타와 위파사나가 함께 이루어져서 공적과 영지가 하나를 이루게 된다.

이와 같이 끝없는 통찰의 시간을 간절하게 두 철 가까이 보내게 되었다. 그리고 나니 상기는 사라지고 어느덧 관이 일상으로 현전하게 되었지만 상기가 사라지기 전에도 더불어 늘 함께 하는 것이 있었으니 이것이 더 이상 피할 수 없는 화두였다. 다만 상기가 오르면 있는 그대로 살피고 바로 호흡과 더불어 의정을 일으키면 상기는 흔적 없이 사라지지만 눈앞에는 오직 홀로 성품이 드러났다.

그래서 먼저 화두를 참구한 경험이 있었기 때문에 두 수행법을 서로 비교해서 살펴보는 계기가 자연스럽게 다가왔다. 위파사나에서는 먼저 초심자들을 위한 전 단계로 한 생각 번뇌가 일어나거나 대상을 만나 바로 알아차리고 호흡에 집중하면 그치게 되어 안정이 이루어진다. 그러면 여기에 머무르지 않고 이제 대상을 먼저 알아차리면 바로 그치게 되고 여기에 호흡을 집중하면 아는 마음인 관이 더욱 현전하게 된다. 이렇게 끝없이 통찰을 하게 되는데 문제는 관찰하는 주체로서 아는 마음이 경계를 만나서 소소영영을 이루어 사라지지 않았다. 이것은 제8식이기 때문에 반야인 알고 모르는 것에 상관없는 성품에 바로 계합되지 않는다는 것이 한계로 다가왔다.

그래서 한 생각 번뇌가 일어나거나 대상을 만나 먼저 알아차리고 호흡을 집중하면 아는 성품이 더욱 현전하는데 여기에 머물지 않고 한 걸음 나아가서 아는 것이 무엇인지 화두의 의정을 일으키면 알고 모르는 것에 상관없는 성품에 바로 계합하게 되었다. 그러나 위파사나에 머무르면 아는 것이 현전하여 신령스럽기는 하지만 여기에 머물러 화두가 없으면 무기공에 떨어지거나 삼매를 취하여 성품에 장애함을 입게 된다. 그러므로 화두의정이 아니면 성품이 온전하게 드러나지 않기 때문에 위파사나에 다시 화두 수행을 보완하지 않으면 안 된다는 사실을 깨닫게 되었다.

또한 두 수행법이 여기에서 만날 수 있음을 확신하게 되었다. 왜냐하면 발심이 안 되면 화두에 의정이 일어나지 않기 때문에 먼저 위파사나 수행을 통해서 관이 현전하면 삼매를 취하지 말고 바로 화두의정으로 돌이키면 근본 성품이 바로 드러나기 때문이다. 또한 대상이나 망념이 일어나면 초심자들은 바로 화두를 잃고 혼침이나 산란에 빠지기 때문에 바로 알아차리고 여기에서 호흡과 동시에 화두를 제기하면 화두가 더없이 또렷하고 힘이 생겨서 순일해진다. 그러면 바로 화두삼매로 나아가니 화두와 위파사나는 더없이 좋은 도반인 것이었다. 위파사나에 대한 많은 책을 번역하고 소개했던 어느 위파사나 선지식과 이에 대한 탁마를 해보니 위파사나와 간화선을 함께 병행하는 스님이라고 하면서 아주 특별한 만남이라고 좋아했다.

위파사나 수행이 깨닫기 전에는 온전한 실천이 아니지만 마음이 본래 부처라는 믿음을 성취하면 깨닫지 못했더라도 온전한 위파사나를 실천한다고 볼 수 있을 것이다. 마치 간화행자가 깨닫기 전에 화두가 무엇인지 모르고 미혹 속에서 의정을 일으키면 한 번도 제대로 된 의정이 아니지만 믿음을 성취하면 바른 화두를 제기할 수 있는 것과 같기 때문이다. 그러므로 위파사나 수행자들이 자기가 본래 부처인 줄 모르고 미혹 속에서 행하고 있다면 올바른 수행이 아닌 것이다. 그래서 반드시 먼저 깨닫고 나서 닦는 것이 올바른 수행이지만 깨닫기 전에 여러 방편으로 공력을 써야 하니 이것 또한 수행이라고 해야 할 것이다. 그러나 참다운 수행이라고 하지 않는 것이 선가의 돈오 사상이지만 믿음을 성취하면 된다.

그러므로 먼저 마음이 본래 부처라는 확실한 믿음을 성취하면 비록 견처가 없더라도 깨달음과 다름이 없어 밖으로 헤매지 않기 때문에 점점 업력이 녹아져서 득력을 하게 될 것이다. 그러면 정념인 사티가 일체 대상과 일어나는 망념을 상황에 따라서 그침인 사마타의 방편을 쓸 것인지 아니면 지혜인 위파사나의 방편을 쓸 것인지 정확한 판단이 나오기 때문이다. 그러므로 사티는 초심자가 사마타로 쓸 경우는 법이 온전하지 못하여 챙김이 필요하지만 위파사나로 쓸 경우는 있는 그대로 알아차림이 되어야 한다. 사티가 결국에는 정혜쌍수의 뜻인 통찰의 원만한 가르침이 되기 때문이다. 그러나 경계 밖에서 따로 챙기는 것은 소득심을 버리지 못한 유위법이라서 수행하는 것이 오히려 법상을 키우게 되니 올바른 수행이 아닌 것이다.

화두 수행도 이와 같아서 먼저 일체 망념이나 경계를 아무런 판단 없이 있는 그대로 알아차리기만 해야 한다. 그러면 생각과 생각 사이 틈을 순간 포착하게 되어 바로 눈앞에 오직 알 수 없는 성품이 드러나는데 이때 바로 본참공안에 의정을 일으켜야 화두삼매로 나아간다. 하지만 경계를 판단하여 취사심을 버리지 못하고 따로 화두를 챙기는 것은 법상만 키우고 아상이 갈수록 붙어서 자기의 성질 하나도 다스리지 못한다. 그러므로 화두나 위파사나의 올바른 수행은 챙기는 것이 아니라 대상을 바로 알아차리면 삼매가 현전하는 무위의 길이어야 할 것이다.

한편 법 자체에는 챙김이나 알아차림이 본래 없기 때문에 일 마친 사람들은 모두가 꿈속의 일이 되겠지만 수행의 과정에서 는 반드시 법로를 알아야 올바른 수행이 이루어지기 때문이다. 그래야 대승법이니 소승법이니 하는 시끄러운 다툼이 사라지고 오직 일불제자로서 법에는 둘이 없음을 요달하여 화합 승가를 이룰 것이다. 또한 요즈음 다문화 가정이 점점 늘어가는 추세에 두 수행법을 서로 보완하여 더욱 간화선을 쉽게 보편화시켜야 하기 때문이다.

그런데 참으로 발심이 되지 않으면 의정이 일어나지 않아 간 화선 수행을 하기가 어렵기 때문에 위파사나를 화두 수행의 전 단계로 활용해서 이십여 년 동안 수련생들을 지도해 보니 수행 에 많은 도움이 된다고 했다. 또한 위파사나 행자들과 간화선을 비교해서 토론해 보니 분명하게 이러한 차별이 나타나고 간화 선이 한 걸음 향상의 전기가 됨을 확인하게 되었다. 그것은 지 난겨울 수련회에 참석한 어느 교수님이 오랫동안 위파사나 수 행을 통해서 얻은 선정의 힘으로 대수술을 무사히 마치고 건강

을 회복했다는 경험을 들려주었는데 여기에서 한 걸음 더 나아
가지 못한 답답함을 토로하기에 간화선 수행법을 접목시켜 주
었더니 바로 활달함을 경험한다고 했기 때문이다. 이와 같이 수
행의 현장에서 근기에 맞추어 두 수행법을 병행하여 지도하는
것이 원만한 것임을 다시 한 번 확인하는 좋은 계기가 되었다.

　장대비 그친 뒤뜰에 해바라기
　커다란 광명을 토하고 있나.

산에는 고사리가 어린 주먹을 쥐고 천상천하유아독존을 외치고 있다.
어려운 시절 모두가 고사리처럼 고통의 땅을 헤치고
솟아오르는 지혜가 나날이 커 나갔으면 좋겠다.
천진한 성품은 모자람이 없어
본래 부처이기 때문이다.

자비의 절 수행과
공적영지

거리마다 꽃비가 내리고 골싸기마다 꽃사태를 만나는 행복한 요즈음 더욱 반갑게도 자비를 나누는 절 수행이 절마다 꽃불처럼 번져가고 있다. 부처님 오신 날을 기다리는 들뜬 마음을 가라앉히고 여러 이웃들을 먼저 부처님으로 받들어 모시는 자비의 실천은 부처님의 근본 가르침이기 때문이다. 더불어 건강과 함께 수행 방법으로 108배가 보편화되고 있으며 1080배와 3000배를 실천하는 절도 많아지고 있다.

보통 사람들은 복잡한 생각이 일어나거나 어려운 일이 닥치면 절을 통해서 참회와 발원을 하고 신심이 흐트러지지 않도록 마음을 굳게 단속해 나간다. 그러나 자비심을 발하지 않고 나만이 잘 살면 된다는 이기심에 그치고 말면 내 가족은 지킬 수 있을는지 모르지만 이웃들의 아픔을 외면하게 되어 그 결과가 나중에 다시 나에게 돌아온다. 세상은 이번에 겪고 있는 세계적인 경제위기 속에서 배우는 것처럼 이웃들이 모두 함께 잘 살아야 나도 따라서 행복할 수 있다는 연기법을 가르치고 있기 때문이다.

절을 통해서 수행으로 나아가려면 우선 자비심을 발하고 절하는 대상으로서의 부처님과 나와 마음, 이 셋이 하나라는 믿음이 바로 서야 한다. 다음에는 절하면서 나타나는 번뇌와 몸에서 일어나는 감각을 바로 알아차리고 끊어버리려 하지 말고 절에 내려놓으면 바로 안정이 이루어진다. 그리고 여기에 호흡과 하나 되면 강렬한 집중이 이루어져 일체 흐르는 생각이 멈추고 절과 하나가 된다.

그러나 여기에 오래 머무르면 말뚝에 매인 소처럼 자유롭지 못하고 답답하게 되니 이제는 먼저 일어나는 번뇌와 감각을 알아차리면 그치게 되고 절하는 주인공이 나타나는데 그러면 여기에 절을 해야 한다. 그리고 바로 호흡을 함께 해 주면 더욱 공적과 영지가 하나가 되어 온전한 절삼매가 이루어진다. 그러나 아직 초심자들은 치성한 업력 때문에 지속하기가 어렵게 되어 금방 안정이 깨지게 되는데 이때는 바로 알아차리고 절에 다시 내려놓으면 집중을 이루어 안정이 된다. 그러면 다시 여기에 머물지 말고 이제는 절하는 주인공을 알아차리고 이것이 무엇인가 살짝 의정을 일으키면 성품이 나타나게 된다. 또한 근본적으로 업력이 녹아지게 되어 여러 이웃들이 나와 둘이 아니라는 자비심이 성취되고 온전한 절 수행을 이루게 된다.

하지만 이러한 바른 절 수행을 이루지 못하고 일어나는 망상이나 대상을 무조건 절을 통해서 없애려고 한다면 처음에는 워낙 치열한 산란심을 피할 수 있으니 편안하겠지만 마치 무성한 풀을 돌로 누르는 것과 같아서 답답하며 다시 고개를 쳐들고 나타나서 괴로움을 면할 수 없다. 그래서 지혜롭게 절을 해야 하는데 형상으로 법당에 모셔진 부처님과 마음과 절하는 내가 하나라고 믿어서 절할 때는 성품이 절하는 데 나타나므로 절을 하면서 바로 성품을 확인해야 한다. 그러나 여기에 머무르면 무기력해지니 한 걸음 나아가서 절하는 이것이 무엇인가 각자 가지고 있는 본참공안에 의정을 일으키면 주객이 사라지고 절삼매를 이루어 업력이 점점 녹아지게 된다.

그러나 수련회를 통해서 1080배나 3000배를 해보면 극기훈련에 그친 나머지 절을 통한 올바른 수행이 이루어지지 못하고 있다. 초심자들은 장한 일이 될지 모르지만 여기에 머무르면 절하는 상이 생겨서 절 운동에 그치고 말기 때문에 화두의 의정이 일어나지 않으면 끝없는 참회와 함께 자비심을 일으켜야 한다. 또한 번뇌를 절을 통해서 끊어 버림으로써 나타나는 고요함을 취해 버리면 처음에는 치성했던 번뇌 망상이 잠잠해지고 편안하지만 이러한 방법으로 절을 오래 하다 보면 어느덧 고요함에 집착하여 매사가 무기력해지고 속으로는 답답하다.

이렇게 되면 훈훈한 자비심이 나오지 않고 업장이 녹아지지 않아 오히려 아만이 높아지기 때문에 지혜롭게 절을 해야만 한다. 또한 이것이 무기공에 떨어진 병폐인 줄 빨리 깨닫고 벗어나야 하는데 오래 머물러 집착한 사람은 가족들을 등한시하게 되니 부처님을 싫어하게 된다. 그러므로 이제 어느 거사님이 실천하고 있는 것처럼 가족들을 부처님으로 모시고 절을 하게 되면 일체 상에서 벗어나고 나도 따라서 부처임을 확인하게 될 것이다.

그러나 절 수행으로 인해서 무기력함에 떨어진 장애를 입은 사람은 절을 하면 일체를 끊어버리는 습이 다시 나타나기 때문에 일이나 자원봉사를 통해서 보통 사람으로 마음을 회복시켜야 한다. 그러면 이런 경험이 좋은 선지식이 되어 정견을 갖추는 계기가 될 것이다. 이렇게 마음이 단련되면 고요하거나 산란한 마음을 벗어나서 공적영지를 이루고 무심으로 절을 할 수 있기 때문이다.

이와 같은 모습은 아직 수행의 힘이 부족한 사람들이 절하면서 공적영지를 이루는 모습이지만 수행의 공력이 성숙한 사람은 절과 공적영지인 화두참구가 한 조각을 이루게 되어 조금도 간격이 없다. 한편 누구나 이러한 노력 속에서 수행력이 점차로 상승하게 되니 어떨 때는 앉아야 정진이 잘되고 어떨 때는 절하면서 오히려 깨어나게 되어 정진이 순일하게 이루어진다. 어떤 방법이든지 핵심은 고요함에 집착하여 공적에 치우쳐서는 안 되는 것이며 또 너무 급한 나머지 아는 마음인 영지에 치우치면 산란해지므로 두 가지 치우침을 벗어나서 공적과 영지가 둘이 아니어야 올바른 수행이 이루어진다. 이것을 다른 말로 정혜쌍수라고 한다.

초심자들이 공적영지를 이루기가 참으로 어려운 것은 아직 마음이 본래 부처라는 확실한 신심이 부족하여 등상불과 절하는 나를 둘로 보고 절할 줄 아는 주인공을 망각해버리기 때문이다. 그러므로 절할 때는 성품이 절하는 데 나타나기 때문에 화두를 드는 사람은 망상이나 몸에서 일어나는 감각이 바로 성품의 작용인 줄 알아서 절로 끊어버리지 말고 바로 알아차리면서 화두의 의정을 일으키면 절삼매가 이루어지고 업장이 녹아내리게 된다. 그러나 화두가 방편이라는 알음알이가 있는 사람은 의정이 약해서 치성한 업력으로 공부가 어렵기 때문에 끝없이 참회하고 참으로 무상한 마음에 발심을 다시 일으켜 화두가 자기의 전 생명으로 다가와야 한다.

처음 수행하는 모습은 시끄러운 대상이나 복잡한 망상이 일어나면 절을 통해서 눌러 버리면 금방 사라지게 되어 편안하게 되니 편안함을 취하여 그만 화두를 놓아 버린다. 그러다가 또 마음이 답답하고 무기력해지니까 여기에서 벗어나려고 다시 절을 하면서 화두를 챙긴다. 이렇게 끝없이 반복하면서 절을 하지만 이것은 아주 근기가 낮은 사람들이 깨닫기 전에 어리석은 마음으로 절하는 모습이어서 참다운 수행이 아니다. 그러나 여기에 머무르지 말고 끝없이 신심을 일으키면 무명의 업장은 녹아지고 참성품이 발현하여 절하면서 온전한 수행이 성취될 것이다.

산에는 벚꽃이 솜사탕처럼 점점 부풀어 오르고
연못에는 금붕어들이 꽃잎처럼 한가로이 흐르고 있다.

해마다 이맘때면 찾아오는 불두화.
두두물물이 본래 부처임을 전하려는 속뜻을 몰라주더라도
그저 아랑곳없이 뜰 앞에는 천년의 소식
봉긋이 정반왕의 고봉 쌀밥처럼 만 생명의 허기짐을 낱낱이 채워주네.

정혜쌍수

이제 먼 바다에서 만선의 기쁨을 안고 도착하는 배들은 저마다 마음의 등불을 지켜들고 항구는 어느덧 불야성을 이루었다. 법회를 마치고 서둘러 먼 길을 출발했으나 항구에 도착하니 섬으로 가는 마지막 배가 출발을 기다리고 있다. 오랜만에 궂은비 내리는 늦은 뱃길에 오르니 선상에서 바라보는 밤바다는 멀리 이국의 정취를 대하는 듯 본분 납자의 살림살이를 더없이 조촐하게 하고 있다. 수행의 길이 많으나 결국에는 선정과 지혜를 벗어날 수 없는데 정과 혜는 마치 등과 불빛 같아서 등이 있으면 빛이 있고 등이 없으면 빛이 없는 것과 같다. 등은 빛의 몸이며 빛은 등의 작용이니 이름은 둘이나 본래 둘이 아니라고 『육주단경』에서 설하고 있다.

허공의 성품은 본래 공하여 뒤섞이거나 무너지지 않으며 밝음이 오거나 어둠이 오더라도 물들지 않는다. 또한 천둥 벼락이 치더라도 상처 하나 입지 않으며 새가 날아도 발자국이 찍히지 않는다. 하지만 허공은 감정이 없는 메마른 무정물이기 때문에 신령스럽게 아는 성품이 없다.

허공계가 아무리 끝이 없다고 하더라도 결국 한마음에서 나온 허공이기에 마음을 벗어나지 못한다. 본래 청정한 마음은 허공과도 같지만 영지가 있어서 일체를 분별할 줄 안다. 결국 화두의 의정이란 공적영지한 성품을 드러내는 것이다. 간화선에서는 화두가 바로 공적영지이며 정혜쌍수이기 때문에 화두를 제시하는데 화두의 의정은 바로 정혜쌍수한 마음의 작용을 드러내는 것이기 때문이다.

그러나 화두에 아직 지해가 남아 있으면 정혜쌍수한 화두가 한 조각을 이루지 못하여 정에 치우치면 화두를 들어 정혜쌍수를 이루고 혜에 치우쳐서 산란해지면 화두를 들어 정혜쌍수를 이루는 조각난 공부가 이루어진다. 그런데 지해가 사라진 맛없는 활구의 의정은 정혜의 흔적조차 남기지 않고 바로 한 조각을 이루게 된다. 그러므로 공부의 과정에서는 분명하게 화두가 정혜쌍수를 이루어야 성품과 일미평등이 되어 업력이 녹아지고 성품을 보게 되니 참으로 살펴야 한다.

새벽 예불 끝 멀리 작은 섬에 등대 불빛이 더욱 찬연히 빛나고 있다. 먼 바다에 나가서 아직 돌아오지 않는 배를 기다리는 등대지기는 간화행자로서 보살행을 실천하는 모습이다.

세상에는 많은 수행법이 있지만 정혜쌍수가 아니면 참다운 수행이 아니라고 보조 국사는 정혜결사운동을 일으켜 간화선을 제창했던 것이다. 화두가 바로 정혜쌍수이기에 간화행자는 한 생각 망념이 일어나거나 일체 경계를 바로 알아차려 본참공안에서 정에 치우치거나 혜에 치우치지 않는 올바른 의정을 제기해야 한다.

깨달은 뒤에 닦는 수행은 일체 번뇌와 대상이 그대로 청정한 성품의 지혜 작용이기에 바로 알아차리면 정혜쌍수의 성품에 계합하게 된다. 그러나 아직 수행이 성숙하지 못한 사람은 경계와 대상을 만나 바로 알아차리면 그치게 되고 오직 알 수 없는 것이 드러나니 여기에 즉해서 바로 의정을 일으켜야 한다. 만약 화두에 의정이 없으면 무기공에 빠지므로 정혜쌍수한 화두를 현전시켜야 한다. 그러면 수행이 점점 깊어져서 동정에 일여하게 되고 점점 성숙시키면 몽중에도 일여하게 되며 더 세밀하게 익으면 숙면에도 일여하게 된다. 이러한 모습은 잠자기 직전까지 한 치의 틈을 주지 말고 밀밀하게 정진에 힘써 나가면 새벽에 일어나서 첫 눈을 뜨자마자 바로 확인이 된다. 그래서 간화행자는 눈을 뜨자마자 바로 화두를 점검해야만 한다.

숙면일여는 사람들이 보기에는 깊은 잠에 떨어졌다고 하지만 성품에는 한 티끌 흔적도 없어 마치 거울이 형상을 차별 없이 비추지만 지나가면 아무런 흔적도 남기지 않는 것과 같아서 자나 깨나 한결같은 마음이기 때문이다. 그러므로 간화행자가 참구하는 언구로써 조사의 말은 반드시 조사의 뜻이 있기에 간절한 마음으로 잠자는 순간까지 빈틈이 없으면 새벽에 일어나서 그대로 현전함을 알게 된다. 그러나 언구에 떨어진 조작을 이루면 잠시 졸기만 해도 금방 화두를 잃어버린다. 또한 숙면일여는 성품의 원본과 화두의정의 가본이 정확하게 만나서 나타난 결과인데 이것이 바로 정혜쌍수한 화두를 제기하는 이치이다.

한편 성품은 허공에 밤이 온다고 해서 물들지 않으며 낮이 온다고 해서 더 밝아지지 않는 것과 같고 천둥 벼락이 치지만 지나가면 흔적 없는 한결같은 허공의 모습과도 같다. 그러므로 화두에 사량분별이 아직 남아 있으면 본래 이러한 성품과 평등하지 않으므로 성품이 드러나지 않는다. 또한 일체 사량분별과 업력을 녹여내지 못하는 것은 화두의 본에 아직 사량이 남아있어 성품의 원본에 정확하게 계합하지 못한 결과이다. 이와 같은 모습은 일체가 마음의 작용인 줄 알아차리고 바로 즉해서 의정을 일으키는 맛없는 활구가 아니기 때문이다. 그러므로 성품의 원본과 한 조각을 이루는 온전한 맛없는 정혜쌍수의 화두삼매를 성취해야 한다.

한편 정혜쌍수라는 말은 아직 화두에 사량이 붙어 있어서 정에 치우치거나 혜에 치우쳤을 때 공부를 점검하는 방편의 말이어서 참으로 맛없는 활구를 제기하는 입장에서는 흔적을 찾아볼 수 없다. 한편 깨닫고 나서부터는 일체가 현성공안을 이루게 되지만 아직 업력이 남아 있으면 바로 본참공안으로 돌아와 화두의정을 제기하면 성품에 계합하여 본래 일여한 성품과 하나가 되기 때문이다. 그러나 이러한 수행의 깊은 경계에서도 방심하게 되면 참으로 맑고 깨끗한 경계나 지혜를 성품으로 착각하여 화두를 놓치게 되어 올바른 정혜쌍수가 이루어지지 않기 때문에 지해에 막혀서 일대사를 끝까지 요달하지 못하게 된다.

화두가 없는 이러한 깊은 선정을 통해서 얻어진 것이 있거나 지해는 제8식인 무의식을 성품으로 오인하는 마장이다. 그러므로 집착하면 바로 공부길을 잃어버리고 많은 세월을 낭비하기 때문에 참으로 경계를 하는 것이다. 그래서 오매일여를 통과하여 알음알이가 크게 죽어 마치 목석 같고 돌사람 같아서 평등한 본래 성품에 계합하면 비로소 살아나와 일체 차별지를 요달하게 된다. 그러나 치우친 선정의 기운이 워낙 깊어서 화두를 놓치기 때문에 맛없는 화두를 제시하기가 참으로 어렵다.

참으로 진실하게 수행한 사람은 벗어나려는 간절한 마음으로 끝없이 정혜가 쌍수한 화두를 들이대게 되는데 어쩌다 한 코의 의정이 성품과 만나서 밑바닥을 치면 드디어 일체 지해는 환화로 사라지고 성품이 드러나게 된다. 그러나 이러한 가르침에 믿음을 성취하지 못하면 지해는 보통이 아니지만 화두가 없는 무기공이어서 귀신굴에 갇힌 것처럼 몽롱하여 일체 경계를 대하여 활발발하게 쓰지 못하고 항상 속으로는 답답함을 벗어나지 못한다. 또한 워낙 맑고 미세한 무의식을 성품으로 착각하여 맛없는 화두를 제기하지 못하여 빼도 박도 못하고 화두 없는 무기공으로 아까운 세월을 낭비하게 된다. 이것은 화두가 바로 불성이며 반야란 사실과 불성과 반야가 바로 화두란 사실을 끝까지 요달하지 못했기 때문이다.

또한 이것은 다 삶은 불고기를 눈앞에서 놓치는 것과 같으니 참으로 안타까운 일이 아닐 수 없다. 오직 활로는 깊은 선정에 치우치지 않는 맛없는 활구밖에 없으니 제8식인 무의식의 긴 터널을 벗어나려면 마지막 크게 한번 죽어버려야 벗어날 수 있기 때문이다.

작은 섬에 등대는 찬연히 빛나고
뱃고동 소리에 여명이 점점 밝아오고 있다.

사구와 백비를 여의고
다시 아홉 번을 절복하여
무서리 내린 아침에 다시 태어나
맑은 향기로 바다를 건너는
구절초.

염불화두와
이근원통

어느덧 도량에는 세찬 장맛비가 그치고 어둠이 내리니 청개
구리 울음소리와 함께 온통 풀벌레 소리로 가득하다. 바람은 처
마 끝 풍경을 울리고 파도소리는 더욱 장엄하게 들려오고 있다.
이와 같이 세계는 소리의 주파수로 빈틈이 없으며 소리의 인연
을 떠나서 살 수 없다. 중생의 고통이 한량없어서 끝없이 생사
에 유전하는 것은 소리로 인하여 마음에 덮임을 입어서 물든 때
문이다.

보통 사람들은 소리를 들을 때 그 소리를 따라가서 분별을 하
고 번뇌를 일으켜 고통을 당한다. 그러나 수행하는 사람은 소리

의 성품이 본래 공함을 살펴 소리를 따라가지 않으며 듣는 성품을 바로 보게 된다. 다만 소리를 들을 때는 성품이 귀에 나타나므로 소리를 듣고 분별을 일으키지 않고 바로 돌이켜 듣는 성품을 깨닫기 때문이다.

보조 국사의 『수심결』에는 소리를 통해서 성품의 근원으로 돌아가게 하는 진리의 길을 제시하고 있다.

"그대는 지금 까마귀 우는 소리와 까치 지저귀는 소리를 듣느냐?"

"예. 듣습니다."

"그대는 그대의 듣는 성품을 돌이켜 들어 보아라. 거기에도 여러 가지 소리가 있더냐?"

"거기에 들어가니 어떤 소리도 어떤 분별도 얻을 수 없습니다."

이것이 관세음보살이 이치에 들어간 문이다.

보통 사람들은 어떤 소리를 들으면 대상을 따라서 끝없이 시비분별을 일으켜 고통에서 벗어나지 못한다. 그러나 수행하는 사람은 바로 알아차리고 끌려가거나 물들지 않으며 바로 거기에 성품이 있음을 보는데 이것을 '관'이라고 한다. 그러면 오온이 바로 공함을 깨달아 성품의 관세음이 출현하여 일체 경계에 자재로이 나투어 걸림이 없으니 이것이 관자재보살이다.

어떤 소리를 들을 때 따라가서 시비하거나 분별을 일으키지 말고 먼저 바로 알아차리면 소리는 흔적 없이 사라지고 눈앞에는 오직 알 수 없는 것이 홀로 드러난다. 그러면 여기에 머물지 말고 본참공안에서 의정을 일으키면 듣는 성품을 돌이켜 듣게 되어 본래 공적영지한 성품이 나타난다.

파도소리는 모든 소리의 주파수가 함께 있어 둥글고 원만하여 무심인 성품에 가까운 소리라고 한다. 그래서 번뇌에 쌓여 괴로운 사람은 파도소리를 들으면 마치 어머니의 자장가 소리가 아무런 뜻이 없지만 어린 아이가 울음을 그치고 잠에 들듯이 고통이 사라진다. 관세음보살이 바닷가에 상주하는 것은 파도소리를 듣고 바로 듣는 성품을 깨달아 오온이 공한 줄 요달하면 일체 고통을 벗어나게 되기 때문인데 이것이 이근원통으로 관음신앙의 원형이다.

소리를 들을 때는 성품이 귀에 나타나므로 바로 알아차리면 소리는 흔적 없이 사라지고 공적영지한 성품을 바로 보게 된다. 서산 대사는 마을 앞을 지나가다가 문득 닭 울음소리를 듣고 깨달았다. 화두가 간절하여 일상삼매 속에서 소리를 들으면 바로 성품과 하나 되어 깨달음을 성취한다. 그러나 보통 사람들은 소리를 들으면 분별과 시비가 일어나게 되는데 바로 알아차리면 멈추고 아는 성품이 드러난다. 그리고 여기에서 바로 화두의정으로 돌이키면 소리의 경계를 통해서 공적영지가 드러나게 되어 성품을 보게 되는 기연을 만나게 된다.

『능엄경』에서 말하는 이근원통은 소리의 인연을 따라서 이근을 통하면 나머지 근을 하나로 원통하게 되는데 이것이 관세음보살이 깨달음에 들어간 인연이다. 그러나 보통 사람들은 관세음보살을 부르면서 복을 구할 뿐 본래 모든 것이 구족하여 원만한 성품의 관음을 친견할 줄 모른다. 일체 소리를 만나서 바로 알아차리면 그치게 되고 마음도 아니고 부처도 아닌 것이 현전하는데 이때 관세음보살 하고 부르면 성품과 하나가 된다. 또한 번뇌가 일어나면 바로 알아차리고 거기에 바로 성품이 나타난 줄 알아서 관세음보살 하면 번뇌는 사라지고 바로 성품에 계합한다. 그러나 초심자는 여기에 머무르면 무기공에 떨어지니 관세음을 부르는 이것이 무엇인가 하는 염불화두로써 다시 한 번 의정을 일으키면 공적영지한 성품의 관세음이 바로 출현하게 되고 천 개의 눈과 천 개의 손을 일체 작용 속에서 자비로 굴려서 쓰게 된다.

참으로 관세음보살을 친견하려면 듣는 성품과 부르는 성품을 반드시 알아차리고 이것이 무엇인가 의정을 일으키며 빈틈없이 살펴나가야 한다. 그러나 번뇌가 워낙 치성한 사람은 먼저 알아차리고 '관세음보살' 하고 부르면서 여기에 내려놓으면 그치게 되고 집중이 이루어진다. 또한 여기에 머물러 고요함을 취해 버리면 무기력해지니 안정이 이루어지면 한 걸음 더 나아가서 관세음을 부르는 이것이 무엇인지 의정을 일으키면 공적영지한 성품의 관세음이 현전하게 된다.

그러나 치성한 업력이 일어나 괴롭다는 핑계로 관세음을 부르면서 번뇌를 끊어버리는 데 그치면 처음에는 안정이 이루어지고 조그만 지혜가 생기는 것 같지만 오래 머물러 집착하게 되면 다시 무기력해지고 허무한 생각에 붙잡히게 되어 사는 것이 재미가 없게 된다. 어느 보살님은 이렇게 주력을 하다 보니 친구들하고 노래방에 갔는데 자꾸 관음주력이 나와서 재미가 없다고 괴로움을 호소했다. 이것은 번뇌가 일어나면 있는 그대로 알아차리면 바로 성품이 드러나서 편안해지는데 두려운 나머지 끊어버리는 것을 공부로 착각했기 때문이다.

그러면 처음에는 편안하지만 나중에는 습이 되어 천진한 성품의 작용마저 끊어버려 무기공에 빠진다. 이것은 수행의 병폐로 참으로 경계를 해야 한다. 그러나 여기에서 벗어나지 못하면 무기력하여 현실감각이 없어지고 마치 술에 취한 듯 사리판단이 흐려진다. 그러므로 참으로 벗어나야겠다는 간절한 생각으로 이제는 자원봉사나 일을 하면서 무기력함에서 깨어나 보통 사람으로 돌아와야 한다. 그러나 화두를 하는 사람은 이렇게 무기력한 줄 아는 것이 바로 성품이므로 여기에서 의정을 일으키면 바로 벗어나지만 힘이 약하기 때문에 앉아 있지 말고 일어나 자원봉사를 하면서 의정을 일으키면 오히려 쉽게 벗어날 수 있다.

노래방에서는 성품이 노래하는 데 나타나기 때문에 다만 노래와 하나 되지 못하고 다른 망상이 들어오면 바로 알아차리고 관세음보살 하면 바로 노래와 하나가 되어 주객이 사라지고 노래삼매를 이루게 되니 올바른 수행이 이루어진다. 또한 노래를 듣거나 부르면서 나타나는 도레미파솔라시도의 음가가 모두 다르지만 나타나는 성품은 한결같으며 하나의 노래도 8음계가 모여서 이루어지니 낱낱이 공한 줄 알아야 한다. 다만 부르거나 듣는 성품에는 차별이 없으므로 오직 노래를 통해서 바로 듣는 성품을 확인하여 염불하는 자가 누구인지 의정을 일으키듯 노래하는 자가 누구인지 본참공안에서 의정을 일으켜야 한다. 그러면 노래를 통해서 성품이 드러나니 여기에서 다시 듣는 성품을 화두의 의정으로 현전시켜서 노래와 더불어 삼매를 이루면 깨닫는 기연을 만나게 될 것이다.

어느 수련생은 한 시간 동안 꼼짝하지 않고 의젓하게 앉아 있어 정진에 힘을 얻은 줄 알고 물어보니 이제까지 배워 알고 있는 노래를 모두 부르면서 앉아 있으니 힘들지 않았다고 했다. 노래를 통해서 집중이 이루어졌기 때문이다. 그런데 처음에는 편안하지만 여기에 오래 머무르면 답답해지므로 이제는 노래할 줄 아는 것을 바로 돌이켜 본참공안에서 의정을 일으키면 노래삼매를 이루고 득력을 하게 될 것이다.

간화선의 종장인 몽산 화상은 염불화두법에서 나무아미타불을 부르는 이것이 무엇인가를 의심하라고 했다. 화두에 의정이 일어나지 않으면 억지로 쥐어짜듯이 의심을 일으키지 말고 성품의 다른 이름인 불보살의 명호를 부르면서 염불하는 자가 누구인가 자연스럽게 의정을 일으켜야 한다. 관세음이나 나무아미타불이나 성품의 다른 이름이며 부르는 놈은 하나이니 각자 좋아하는 불보살님 명호를 선택하여 간절하게 부르다 보면 자연스럽게 의정이 형성되어 부르지 않아도 나중에는 저절로 될 것이다.

근래 경허 선사의 제자 수월 스님은 오직 신묘장구대다라니 주력으로 깨달음을 성취하여 만주에서 독립군 뒷바라지를 하면서 보살행을 실천하여 많은 감화를 주신 숨은 도인이었다. 불보살님 명호는 마음의 다른 이름이기 때문에 한결같이 성품에서 나와서 성품에 계합하게 되기 때문이다.

먼 바다를 건너

깊은 밤

홀로 깨어 있는 파도소리

관세음을 나투고 있다.

한 해가 며칠 남지 않은 달력처럼 아직 떠나지 못하는 잎새들이 나무에 걸려 있다.
하늘에는 시커먼 먹구름이 덮여 있어 위는 밝지만
아래는 어두워 바람을 따라서 순간 벗겨지면서 찬란한 광명을 드러내고 있다.
사람의 성품도 이와 같아서 선지식의 인연을 만나서 깨달으면
순간 번뇌와 습기의 먹구름이 사라지게 된다.

이 몸
이때 제도하지
못하면

불꽃처럼 사나운 태양이 머리 위로 지나가고 있다. 열대야로 잠 못 이루는 밤이다. 지금 덥다고 짜증 부리며 나타나는 이것이 무엇인가 바로 알아차리면 더위는 흔적 없이 사라지고 오직 알 수 없는 것이 홀로 드러난다. 이 순간을 바로 포착하여 본참공안에서 의정을 일으키면 일체의 시비가 끊어지고 더위가 본래 없는 청량한 세계이다.

알 수 없는 이것을 마음, 불성, 본래면목, 한 물건, 주인공, 또한 화두라고 이름한다. 하지만 스스로는 일체의 이름과 모양을 벗어나 있으며 선정과 지혜를 고루 갖추고 있는 원만한 성품이다. 또한 이것이 있으면 저것이 있고 이것이 일어나면 저것이 일어난다는 연기의 법칙이며 일심중도의 세계이다. 조주 스님은 이것을 '무'라고 바로 가리켜 보였으니 '무'가 바로 이것이며 불성이다. 그러나 이러한 지해는 수행의 과정에서 나타나는 고급 지해병이어서 바로 소각해야만 한다. 왜냐하면 비록 올바른 공부길에 들어섰다고는 해도 이러한 고급 지해병에 걸려서 나아가지 못한 장애를 입기 때문이다. 만약 여기에 붙잡히면 아까운 세월을 낭비하게 되니 참으로 아는 것을 쓰레기처럼 미련 없이 불에 태워 버려야 비로소 맛없는 활구 의정이 샘솟게 되어 미세한 업력의 불길이 녹아지고 바로 청량한 세계로 들어간다.

그러면 걸림 없는 고요와 신령스러운 앎이 본래 무위여서 특별한 때가 없고 일체 경계를 따라서 분별하는 마음이 일어나지 않아 물들지 않으니 마치 빈 배가 물결 따라 높았다 낮았다 하는 것처럼 인연을 따라 세월을 보내니 일없는 무사인이라고 한다.

그러나 깨닫고 나서 아직 습기가 남아있는 하근기의 사람은 산란한 마음이 일어나면 곧 알아차리고 화두로써 적적성성하게 다스리고 혼침이 많아 무기에 떨어지면 성성적적하게 다스리는 조각난 공부가 이루어지는데 이것이 상을 따르는 선정과 지혜이다. 한편 자성의 선정과 지혜는 깨닫고 나면 일체가 성품의 작용이어서 번뇌가 일어나거나 대상을 만나 바로 알아차리면 그치고 오직 알 수 없는 것이 홀연히 돈발하는데 여기에 즉해서 바로 본참공안에 의정을 일으킨다. 그러면 바로 현전삼매를 이루는데 이렇게 선정과 지혜가 한 조각을 이루어 한번 의정을 일으키면 의단이 독로되어 하루가 가고 아니면 며칠이 가게 되니 참으로 생멸이 없는 맛없는 활구이기 때문이다. 조사들이 이렇게 화두가 한 조각을 이루면 빠르면 일주일 만에 깨닫는다고 말한 것은 다만 온전한 한 코의 의정이 일미평등의 성품과 만나는 찰나에 일대사를 요달하게 되기 때문이다.

이와 같이 분명하게 수행하는 모습이 있기 때문에 이것을 믿고 근기에 따라서 끝까지 화두를 놓치지 않고 정진한다면 비록 금생에는 인연이 안 될지라도 이 공덕으로 다음 생에는 삼악도를 반드시 면한다고 했다. 이와 같이 조사들은 화두 공부의 공덕을 말하고 있으니 설사 화두의 의정이 한결같지 못하더라도 포기하지 말고 끝까지 밀어붙여야 한다.

내가 스스로 물러설 마음을 내거나 게으름을 부려 항상 뒤로 미루다가 잠깐 사이에 목숨을 잃고 지옥에라도 떨어져 갖은 고통을 받을 때 한마디 불법을 들어 믿고 받들어 괴로움을 벗고자 한들 어찌 될 수 있겠는가. 막상 위태로운 데에 이르러서는 뉘우쳐도 소용이 없다. 바라건대 수도인들은 게으름을 피우지 말고 탐욕과 음욕에 집착하지 말며 머리에 붙은 불을 끄듯 하여 돌이켜 살필 줄 알아야 한다.

무상은 신속해서 아침이슬과 같고 목숨은 저녁노을과 같다. 오늘은 살아있을지라도 내일을 기약하기 어려우니 간절히 마음에 새겨둘 일이다. 세상의 유위의 선을 가지고도 삼악도의 괴로운 윤회를 면하고 천상과 인간에게서 뛰어난 과보를 얻어 여러 가지 즐거움을 누리는데 하물며 최상승의 심오한 법문이겠는가. 잠시 믿기만 해도 그 공덕은 어떤 비유로도 설명하기 어려울 것이다.

『금강경』에서 말씀하시기를 "어떤 사람이 삼천대천세계에 사는 중생들에게 칠보로 공양하여 모두 만족하게 하고 또 그 세계의 모든 중생을 교화하여 사과를 얻게 하면 그 공덕은 한량없고 끝이 없다. 그러나 잠깐 동안 이 법을 바르게 생각하여 얻은 공덕보다는 못하다"고 했다. 그러므로 말씀하시기를 "한 생각 깨끗한 마음이 도량이니 항하의 모래처럼 많은 칠보탑을 세우는 것보다 뛰어나다. 보배로 된 탑은 언젠가는 무너져 티끌로 돌아가지만 한 생각 깨끗한 마음은 바른 깨달음을 이룬다"고 하였다.

원컨대 수행하는 사람들은 이 말을 음미하여 간절히 마음에 새겨두라. 이 몸을 금생에 제도하지 못하면 다시 어느 생을 기다려 건질 것인가. 지금 닦지 않으면 만 겁에 어긋날 것이니 힘써 닦으면 어려운 수행도 점점 어렵지 않게 되어 공부가 저절로 이루어질 것이다.

이와 같이 보조 국사는 『수심결』을 맺으면서 참으로 눈물겹도록 간절하게 수행할 것을 부탁하고 있다. 법정 스님의 아름다운 마무리를 기리는 뜻으로 수려한 번역을 옮겨와 보았다. 참으로 명심하지 않으면 부모 형제의 인연을 멀리하고 부처님의 은혜를 등진 과보를 면하지 못할 것이니 정신을 차려서 재발심을 해야 할 것이다. 다시 한 번 스스로 경책하지 않을 수 없다.

지나온 공부길을 되돌아보면 실로 아찔하기만 하다. 동진 출가하여 어쩌다 운이 좋아 화두를 참구하는 경절문에 들었으나 지해병에 속아서 얼마나 헤매었는지 모른다. 그러나 다행히 보조 국사의 『수심결』에 있는 '마음이 본래 부처'라는 구절에서 일체 방황을 그치고 간화경절문을 보고 일체 지해를 소각하는 인연을 만났으니 전생의 인연이 아닐 수 없다는 생각이 문득 일어난다.

아무리 훌륭한 조사의 말씀도 바다를 건네주는 배일 뿐이니 물을 건넜으면 배는 버려야 한다. 또한 조사가 남기고 가신 한 줄기 구절이 비록 몸을 전신하게 했더라도 기억해 두지 말고 그냥 지나쳐 버려 오직 맛없는 활구를 들어야 한다. 지해로 얻은 것은 아무리 귀한 것이라도 참다운 보배가 아니기 때문이다. 누구나 가지고 있는 자기 부처를 망각하지 말고 자기를 안전한 섬으로 삼고 또한 법을 안전한 섬으로 삼아 그물에 걸리지 않는 바람처럼 어떠한 견해에도 머물지 말고 거침없이 지나가야 한다. 바람의 죽음은 바로 머무름이기 때문이다.

참으로 많은 말을 하여 구업을 지은 것 같다. 부처님의 은혜와 역대 조사의 가르침에 어긋나지 않았는지 참으로 두렵기만 하다. 하지만 간화선의 혜명을 이어가기 위해서 누군가 조금 쉽게 활로를 열어주어야 한다는 사명감으로 감히 해설을 해보았다. 보조 스님 열반 800주기를 맞이하여 『수심결』과 『간화결의론』을 정리해 보았지만 오히려 선사의 은혜에 누가 되지 않았는지 참으로 두렵기만 하다. 이제 비로소 활로를 열었으니 앞으로 삼십 년을 더욱 하심으로 묵은 업을 녹이고 보살행을 닦는 정진을 해야 하겠다.

바람으로 만나
바람으로 보낼 수 있다면.

바다 안개는 급하게 산꼭대기로 달음박질 치고
도랑에 어둠이 내리는데
산뽕나무의 오디는 어둠에 물들지 않고
고요히 심지를 밝히고 있다.

해·조·음

한 줄기 비바람이 지나가니 산천초목은 관욕을 마치
고 법열에 젖어 춤을 추고 하늘에는 광명이 찬란하
다. 오랜 무명의 안개가 걷히고 나니 바다는 툭 터져
끝이 없고 잔잔한 파도의 이랑엔 고기들이 널을 뛴다.
온갖 꽃들은 다투어 피어 향기를 발하고 새들은 저마
다 목청을 가다듬어 범음을 노래한다.

오매일여

　태풍 '갈매기'가 많은 상처를 남기고 지나갔지만 섬에는 비가 내리지 않아 예년에 없었던 가뭄이다. 볼일이 있어 폭염을 뚫고 방문한 시내에 있는 절에서 한밤중에 맞이한 천둥벼락은 마치 천지가 무너지는 듯 요란하다가 몇 시간 동안 장대비를 퍼붓기 시작했다. 밤새 걱정이 되었지만 다행히 하늘은 아무런 흔적이 없고 여여한 모습으로 새날을 맞이하고 있었다.

　사람의 성품은 마치 허공과도 같아 잠잘 때나 깨어있을 때가 한결같아서 차별이 없는 오매일여이다. 허공이 밝음과 어둠에 응하지만 물들지 않는 것처럼 사람의 성품도 깨어있어 작용할 때나 잠잘 때가 둘이 아니기 때문이다. 다만 범부는 이러한 사실을 모르고 쓰기 때문에 둘이라고 착각하여 고통 속에서 헤매고 깨달은 사람은 분명하게 알고 쓰기 때문에 자나 깨나 한결같다. 수행하는 사람들의 가장 큰 장애는 수마인 잠일 것이다. 깨어있을 때는 화두가 성성하다가 잠시 졸기만 해도 화두를 놓쳐버리니 참으로 절망하지 않을 수 없다.

잠이라는 깊은 무명을 떨치기 위해서는 참으로 생사가 호흡지간에 있다는 대발심과 함께 마음이 본래 부처라는 큰 믿음을 성취해야만 마치 화살을 쏘면 바로 과녁을 적중하는 것과 같아서 일체 경계를 화두 의정으로 돌이키면 본래 청정한 성품에 곧 계합하게 된다. 그리하여 화두삼매를 성취하면 홀연히 한 화살에 저 깊은 무명을 한꺼번에 소탕하게 되는데 나의 성품이 본래 부처님과 조금도 차별이 없는 지혜덕상을 원만하게 갖추고 있다는 사실을 요달하게 되는 것이다. 이것을 '돈오' 라고 하는데 이치는 이와 같이 밝혔지만 사상사는 몰록 다하지 못해서 망념이 흐른다는 사실에 보조 국사는 다시 한 번 크게 죽어서 무념을 종으로 삼아 닦음 없는 닦음으로 깨달은 경계를 증득하여 각행이 원만해야 비로소 돈오돈수로 마침내 일 마친 대장부라고 했다.

화두는 무심을 바로 가리키는 조사의 말로서 깨닫고 나서 비로소 화두가 무엇인지 알게 되는데 이때에는 일체 경계가 현성 공안이 되어 경계를 바로 의정으로 돌이키면 성품에 계합하여 오매일여를 이룬다. 성품은 작용 속에 나타나기 때문에 견성이란 성품을 보는 것이 아니라 보는 것이 바로 성품이다. 그래서 아는 성질을 가지고 있는데 아직 끝까지 증득하지 못한 사람은 아는 것을 의지해서 활구 의정으로 돌이켜 성품을 요달하는데 끝까지 무심인 화두를 놓치지 말아야 한다. 원오 스님은 대혜 스님에게 언구를 의심하지 않는 것이 큰 병이라고 했다. 그러므로 끝까지 의정을 격발시켜서 소소영영함을 성품으로 착각하여 주인공을 삼지 말아야 한다. 한편 소소영영한 줄 아는 것은 본래 일체 이름이 끊어지고 자나 깨나 한결같아서 물듦이 없으니 본래 오매일여지만 깨치기 전에 화두 오매일여는 방편이었음을 요달하게 된다. 마치 빈 거울이 사물에 응할 때나 응하지 않을 때나 여여하여 본래 오매일여함이나 근기에 따라서 화두삼매로 가오매일여를 거쳐서 성품을 증득하여 일없는 사람이 되기 때문이다.

일주문 앞 작은 연못

잠시 뭉게구름이 머물다 가지만

붙잡을 수 없다.

반야바라밀

휘파람새가 뱃고동 소리처럼 길게 울어예니 새벽이 밝아오고 밤새 끊어진 뱃길이 다시 열리고 있다. 섬에서는 지금이 가장 바쁜 농사철이라서 특산물인 양파 출하가 한창이고 머지않아 톳을 채취하여 실어 나르는 배들이 끝없이 오고 갈 것이다. 산에는 어느덧 나무마다 순한 떡잎들이 잔잔한 물결을 이루어 갓난아기처럼 칭얼거리고 고사리가 여린 주먹을 쥐고 다투어 오르고 있다.

이처럼 삼라만상이 계절을 따라서 변하면서 쉼 없이 돌아가지만 한 치의 오차가 없는 것은 저마다 반야의 배에 의지하여 슬렁슬렁 타고 넘는 까닭일 것이다. 육바라밀은 대승불교 실천사상의 핵심으로서 생사의 바다를 건너 피안의 저 언덕에 이르는 나룻배와 같다. 그 중에서 반야바라밀이 다섯 가지를 포섭하니 근본이 되는 것이다.

『금강경』 첫머리에서 부처님께서는 반야의 실체를 여실하게 드러내고 있다. 한때 서울 시내에서 선원을 운영하며 동대문 시장에서 수행 삼아 처음 탁발을 했을 때의 기억이 생생하게 떠오른다. 아직 네 가지 상이 녹지 않았을 때라서 사람들이 멸시하는 모습에 쥐구멍이라도 있으면 들어가고 싶은 심정이었다. 아직 반야가 드러나지 않아 법을 베풀어 보시의 공덕을 이룰 수 없었기 때문이었다.

일체 상이 끊어진 법을 베푸는 보시바라밀을 통해서 베푸는 사람과 받는 사람, 물건인 삼륜이 청정함으로써 반야가 여실하게 드러남을 보게 된다. 인욕선인이 가리왕에게 신체를 절단당하고서도 일절 화를 내지 않고 원망하지 않았던 것은 바로 그 자리에서 반야가 출현했기 때문이다.

『금강경』에서 처음부터 끝까지 네 가지 상을 여의면 곧 부처라고 수없이 되풀이하고 있는 것은 견성한 연후에도 모든 선법

을 닦아 남은 업을 모두 다함으로써 구경열반인 아뇩다라삼먁 삼보리를 성취할 수 있기 때문이다. 『만선동귀집』에서는 반야를 증득하지 못하고 육바라밀을 행한다면 유위의 과보가 다시 생사의 원인이 되어 열반의 과를 이룰 수 없다고 했다.

반야란 끝없이 기멸하는 번뇌의 험한 파도를 만나면 피할 수 있는 안전한 섬이며 생사의 대해를 건너는 나침반이다. 또한 어리석음의 그물을 잘라내는 지혜의 칼이며 가난을 구제하는 보배 구슬이니 만약 반야를 밝히지 못하면 어떤 만행이라도 유위의 과보를 면하기 어렵다. 조사의 말씀에 반야의 현지를 밝히지 못하면 한낱 염정만을 수고롭힐 따름이어서 한 방울의 물과 한 톨의 쌀도 제대로 소화할 수 없다고 했다. 일체 강물이 바다에 이르면 일미를 이루듯이 반야는 일체 상을 깨뜨리지만 또한 구경에도 머물지 않아 산색은 나날이 푸르러 간다.

앞마당에는 아직 어린 하얀 진돗개가 저리 달리고 이리 구르면서 한참 어리광을 부리며 마음껏 반야를 연출해 내고 있다.

도량은 안개 속에 싸여있어 매화꽃과 더불어 동색을 이루고
조금도 분간할 수 없는 둘이 아닌 모습을 나투고 있다.
향기는 머물지 않는 묘한 작용으로 안개비에 젖지 않는다.
겨우내 뼛속 깊은 추위를 회광반조하여 제 향기를 기른 사람은
가는 곳마다 꽃을 피우고 만나는 사람마다 훈훈한 향수를 나툴 것이다.

사람이
본래 부처

한 술기 비바람이 지나가니 산천초목은 관욕을 마치고 법열에 젖어 춤을 추고 하늘에는 광명이 찬란하다. 오랜 무명의 안개가 걷히고 나니 바다는 툭 터져 끝이 없고 잔잔한 파도의 이랑엔 고기들이 널을 뛴다. 온갖 꽃들은 다투어 피어 향기를 발하고 새들은 저마다 목청을 가다듬어 범음을 노래한다. 두두물물이 환희심으로 벌떡 일어나 부처님 오심을 찬탄하고 있다.

그 옛날 평화로운 룸비니 동산이 눈앞에 펼쳐지고 있다. 부처님께서 사방으로 일곱 걸음을 걷고 한 손으로 하늘을 기리기고 한 손으로 땅을 가리키면서 '하늘 위 하늘 아래 오직 나 홀로 존귀하다'라는 사자후를 토하며 세상으로 걸어 나오고 있다. 부처님 오신 날은 일체 중생의 생일과 겹치는 날이니 모든 생명이 차별이 없어 본래 평등하며 존귀함을 만천하에 선언하였다.

어린 아이는 해맑은 웃음으로 천진을 드러내고 어버이는 사랑으로 품어 길러 주시며 스승님은 가르쳐 이끌어 주시니 모두가 감사와 은혜로써 부처를 나투고 있다. 병들고 소외된 이웃들의 신음소리에 응하여 자원 봉사자들은 보살의 자비를 나투어 고통을 덜어주고 기쁨을 준다. 죄를 짓고 어둠에 갇힌 사람들은 죄의 성품을 바로 돌이켜 공한 줄을 깨달으니 그 자리에서 신령스러운 광명이 뿜어 나오고 쾌락에 빠져 괴로운 사람들은 감각을 여실하게 살펴서 무너지지 않는 삼매를 성취한다. 돈과 권력이 전부인 줄 알아 교만한 사람은 모든 것이 영원하지 않을 줄 깨달아 자비희사의 사무량심을 이루고 원망과 증오로 잠 못 이루는 사람은 자비와 용서로써 인욕바라밀을 성취한다.

이 모든 것이 사람 속에 부처가 있는 소식이니 사람을 떠나서 따로 부처를 구하지 말아야 할 것이다. 부처님께서 깨닫고 나서 알게 된 너무나 충격적인 사실은 사람마다 여래와 조금도 차별이 없는 원만한 지혜덕상을 누구나 갖추고 있다는 것이었다. 참으로 온몸에서 전율이 일어나고 천지가 무너지는 위대한 소식이 아닐 수 없다. 이제 더 이상 밖으로 부처를 찾아 헤매서는 안 된다.

오늘날 사람의 생명을 너무나 가볍게 여기며 어린이를 유괴하거나 부녀자를 납치하여 성폭행하고 가정의 행복을 파괴하는 것은 자기 안의 부처를 등지는 것이다. 왜냐하면 사람을 부처님으로 섬기는 것이야말로 진정한 행복이며 깨달음의 지름길이기 때문이다.

돌담 앞에는 한 무더기 불두화가 신령스러운 광명을 나투고
꽃보다 고운 오월의 신록 아래 아이들은 천진 부처를 드러내고 있다.

안 되면
되게 하라

  부처님께서는 깨닫고 나서 중생을 제도하기 위하여 근기에
따라서 많은 설법을 했지만 끝내 한 법도 설한 바가 없으며 한
중생도 제도한 바가 없다고 했다. 이것은 마치 물을 물로써 씻
을 수 없고 불을 불로써 태울 수 없듯이 부처를 부처로써 제도할
수 없기 때문이다. 또한 조사스님은 낚싯대처럼 곧게 말씀하실
뿐 숨김이 없었다. 바로 직하에 깨달아 생사의 물결을 잠재우고
지혜광명을 발하여 자비의 배를 띄워 인연 있는 중생들을 저 언
덕으로 실어 나르지만 아무런 흔적을 남기지 않는 것이다.

  사람마다 본래 그러하여 조금도 모자람이 없는 여여한 부처
이기 때문이다. 미혹한 사람들은 이러한 사실을 모르고 밖으로

부처를 찾는 것이 마치 토끼 뿔을 구하거나 거북의 털을 구하는 것과 같아서 끝내 얻지 못하고 아까운 세월만 보낼 뿐 아무런 소용이 없다.

호국 보훈의 달을 맞이하여 군법당 초청으로 법회에 다녀왔다. 군종병으로 근무하면서 포교한다고 동분서주했던 옛 시절이 떠올라서 참으로 감회가 새로웠다. 일체 강물은 바다에 이르면 다툼이 사라지고 일미평등의 한 맛을 이룬다. 하지만 팔도의 사나이들이 모인 군대에는 아직 자기 관념과 집착이 강하여 크고 작은 일들이 쉼 없이 일어나 때로는 부모님들의 가슴에 깊은 한을 남기는 안타까운 일들이 생긴다. 그래서 더욱 부처님의 가르침이 필요한지 모른다.

부대 정문 앞 위병소에 이르니 어김없이 차를 멈추고 통과의례를 거쳐야 진입이 허용되었다. 부대장님이 나와서 반갑게 맞아 주었으며 여러 병사들을 보자마자 마치 자식들을 면회 온 부모님처럼 뭉클한 마음에 갑자기 가슴이 뜨거워졌다. 지금 생각하면 동진으로 출가히여 세상을 전혀 몰랐는데 군대에 가서 세상을 접하고서 생로병사의 고통과 더불어 삶의 애환이 끝이 없는 줄 깨달아 더욱 발심하여 정진하는 계기가 되었으니 참으로 소중한 인연이었다. 스님들이 지금 여름 안거에 들어 일체 밖으로 흐름을 멈추고 오직 일대사를 참구하는 일에 몰두하듯이 군대라는 시간도 결제하는 것과 같아서 잘 활용하면 새로운 진로를 모색하고 준비하기에 더없이 귀한 시간이 될 것이다. 더구나 지휘관들이 친자식처럼 살펴주고 있으니 각자 보답하는 의미 있는 시간을 만들어야 할 것이다. 법문을 마치고 나라 위해 산화하신 호국영령들을 위하여 감사의 축원을 올렸다.

깨어있는 초병은 칠흑같이 깊은 밤 보초를 서면서 바스락거리는 소리를 듣거나 어둠 속에서 움직이는 물체를 포착하면 자기도 모르게 바로 호흡을 멈추고 끝까지 주시하여 상황이 종료될 때까지 조금도 틈을 주지 않는다. 이와 같이 한 생각 번뇌가 일어나거나 대상을 만나면 놓치지 말고 바로 돌이켜 본참 공안에서 의정을 일으켜야 한다. 마치 위병소에서 모든 것을 멈추고 검문에 응하여야 무사히 통과되듯이 어떤 생각이나 대상을 당하여 좋고 나쁘다는 차별심을 두지 말고 평등하게 관찰하여 정혜쌍수의 바른 의정을 끝없이 제기해야 한다.

경계를 만나 호흡을 멈추면 일체 흐트러진 몸과 마음이 바로 안정이 이루어져 집중을 이루고 그 자리에서 아는 성품이 돈발하는데 여기에서 고요함을 취하거나 알음알이를 두지 말고 바로 의정을 일으켜야 한다. 이와 같이 정과 혜를 쌍수하면 기연을 만나게 되어 마치 용감한 장수가 단숨에 적진에 들어가서 손 하나 쓰지 않고 적기를 빼앗아 승리의 나팔을 불 수 있는 것과 같아서 일대사를 마치고 무사히 제대하여 본 고향으로 돌아갈 수 있다.

수행이란 마치 태평양으로 나갔던 연어들이 물길을 거슬러 고향으로 올라가는 것과 같아서 참으로 지난하고 힘든 작업이다. 하지만 결코 포기할 수 없는 가야만 하는 길이기에 때론 안 되면 되게 하라는 군인정신이 필요하다.

모든 법은 뗏목과 같아서 끝내는 버려야 하기에 귀향의 항구에는 어둠이 내리고 그믐달이 외롭다.

번뇌에 시달린 당신
물결에 따라 오르내리는 빈 배처럼 푹 쉬어라.
이제 초파일 잔치는 끝나고 빈 배
부처님마저 쉬어버려 더욱 한가롭다.

자성계

숲은 온통 초록으로 물결치는데 고절한 오동나무 보랏빛 향기를 들으니 황금빛 봉황이 날아든다. 모내기 준비가 한창인 들녘에는 새로운 도량을 결계하는 듯 바둑판처럼 논을 고르고 물을 잡아 가두어 놓았는데 한 해의 농사를 가늠해 보는 것 같아서 그 모습이 더욱 엄숙하게 보인다.

결계와 포살과 더불어 여름 안거가 시작되었다. 일체 흐름을 절단하여 해탈을 구하려는 수행자들은 바르게 계를 가짐으로써 선정의 물이 고이고 지혜의 달이 여실하게 드러나기 때문이다. 『육조단경』에서는 앞생각을 미혹하여 비록 허물이 있을지라도 뒷생각에서 바로 깨달으면 곧 여여한 부처라고 했다. 발심한 사

222

람은 마음이 바로 부처인 줄 믿고 마음 밖에서 부처를 구하지 않으니 한 생각 허물이 일어나면 바로 알아차리고 뒷생각이 일어나기 전에 곧 깨달아 무심인 화두에 계합함으로써 일체 계상이 끊어지고 자성계를 성취하게 된다.

그래서 고인이 말씀하시기를 번뇌가 일어나는 것을 두려워할 것이 아니라 깨침이 더딤을 살피라고 했다. 하지만 아직 업력이 두터워 확실한 믿음을 성취하지 못한 사람은 끝없는 참회와 하심으로 진실한 마음을 드러내다 보면 문득 앞뒤가 끊어지고 홀연히 지혜의 광명이 나타나니 죄의 성품이 공함을 깨달아 본래 청정한 자성에는 허물이 없음을 보게 된다. 시작도 끝도 없이 홀연히 일어난 장야의 무명이 몰록 걷히고 나니 남의 허물이 곧 나의 허물인 줄 깨달아 한량없는 자비심을 성취하게 된다. 그래서 나의 허물만을 볼 뿐 타인의 시비선악을 보지 않게 된다.

이와 같이 마음이 본래 부처라는 믿음과 자비심이 자전거의 두 바퀴처럼 성취되면 밖으로 구하는 허망한 분별심이 사라지고 오로지 눈앞에는 활구 의단만이 현전하게 된다. 그러면 금생에 사람으로 태어난 인연이 오직 일대사를 밝히는 데 있음을 자각하여 대분심과 대용맹심을 자연히 갖추게 된다. 한 생각이 일어나 곧 살피게 되면 그치고 바로 그 자리에는 신령스러운 지혜 광명이 돈발하는데 이것이 알 수 없는 불무더기와 같은 화두이다. 화두는 바로 무심이기에 아는 생각이나 소득심으로 들어가면 죽은 생선처럼 빛을 잃어버리고 공부길이 막혀 버린다. 그러므로 오직 손댈 수 없는 살아있는 의단 하나를 성취하는 일이야말로 참으로 귀한 보배인 줄 알게 되니 일체 업력이 차례로 녹아지고 자비심이 우러나오게 된다.

자연의 재해 앞에 인간이 참으로 나약하고 어리석음을 보게 된다. 자비심에는 적이 없어 이념과 국경이 없으니 재해를 당한 사람들이 모두가 이고득락하기를 발원해 본다. 세상은 참으로 무상하고 세월은 기다려주지 않는다. 지금 이만한 호시절이 가기 전에 촌음을 아끼어 서둘러 묵은 업을 청산해야겠다.

어둠이 내리니 청개구리 울음소리 더욱 청아하다.

물은 위로
불은 아래로

밤부터 장맛비가 내리고 있지만 예년보다 일찍 찾아온 손님이 반갑지가 않다. 해마다 여름 안거를 무사히 보내기가 쉽지 않기 때문이다. 그간 장마에 대비하느라 무너진 둑을 쌓고 바람을 막으려고 나무를 여러 그루 옮겨 심었으며 파인 길을 보수했다. 마지막으로 밭에 있는 하지감자를 거두어들인 것으로 일을 마쳤더니 뜨거운 햇볕에서 너무 무리한 탓인지 온몸에서 열이 불덩이처럼 솟아오른다. 하지만 백설처럼 하얗고 둥글게 영근 감자를 쪄서 놓고 보니 마치 금방 건져 올린 따끈따끈한 법신 사리인 양 뿌듯한 마음이다.

안거가 시작된 지 벌써 반 철이 가까워진다. 제방선원에서는 지금 정진의 열기로 후끈 달아오를 것이다. 더구나 초심자들은 오직 일대사를 한 철에 해 마치고야 말겠다는 순수한 열정과 급한 마음에 더욱 충천해 있을 것이다. 그러나 초심자들은 순수한 마음과 열정만 있을 뿐 아직 확실한 믿음과 자비심을 갖추지 못한 까닭으로 소통이 막혀 머리에 상기가 오를 것이다. 또한 정신이 흐려져서 안개 속에 갇혀 있는 것처럼 답답하고 심한 경우는 머리가 터질 것 같은 압박이 올 것이다.

나의 초심자 시절을 돌이켜보면 심한 상기가 올라서 수시로 감기처럼 앓았는데 그 시절이 참으로 고통스러웠다. 그 원인을 살펴보면 마음 밖에서 법을 구하는 업력이 한 치의 틈도 없이 소멸하지 못했으며 깨달음을 구하는 마음도 하나의 소득심이었기 때문이다.

그래서 아무리 용맹정진을 하고 난행과 고행을 해도 공부의 진전이 없었고 상기병을 얻어 힘이 들었던 것이다. 조사스님들이 한결같이 공부의 요체로 먼저 확실한 믿음과 자비심을 성취해야 한다고 하는 것은 이것 때문이다. 하지만 여기에서도 활로가 있으니 올라온 상기를 내리려고 하거나 없애려고 하지 말고 알아차리고 바로 호흡과 하나가 되면 곧 마음도 아니고 부처도 아닌 신령스러운 성품이 돈발하는데 이때를 착안하여 활구의정으로 돌이키면 올라왔던 상기는 바로 내리고 머리에는 물기운이 흐르게 된다. 하지만 번뇌가 일어나면 없애려고 하는 습성 때문에 상기를 내리려고 하는 마음이 앞선 나머지 상기와 싸우게 되면 점점 몸은 기운이 꼬이게 되고 마음은 길을 잃고 헤매게 된다.

한번 불기운이 머리에 오르게 되면 심한 사람은 참으로 공부하기가 어렵다는 것을 알 것이다. 그러나 어떠한 감각보다도 민감하기 때문에 오히려 좋은 도반이 될 수가 있다. 바로 그 자리에는 신령스러운 부처 성품이 함께하고 있기 때문이다. 그래서 오직 상기를 알아차리고 화두를 챙길지언정 싸우지 않으면 불기운은 바로 내리고 시원한 물기운이 머리에 흐르게 된다. 본래 천진스러워 한 티끌도 장애가 없는 성품이 드러나기 때문이다. 그러나 사량으로 따지는 죽은 의심인 사구는 불기운인 생각이어서 서로 부딪치면 더욱 치성해진다. 오직 생각을 쉬어버린 순수한 활구의정에 수승화강이 원만하여 몸과 마음을 잊어버리고 공부가 성취된다.

밥을 지으려고 할 때는 불이 아래에 있고 물이 위에 있어서 서로 원만해야 삼층밥이 되지 않고 맛있는 밥이 되기 때문이다.

밤사이 한바탕 장대비가 쏟아지고 나니 열이 내리고 머리에는 물기운이 흘러서 온몸이 더욱 쾌활하다.

동중공부

돌탑 주변에는 꽃무릇이 한 줄기 붉은 마음을 토해내고 있다. 마치 꽃술 하나마다 전 우주를 포섭하여 화엄세계를 연출해 놓은 듯 장관을 이루고 있다. 텃밭에는 배추와 무가 무럭무럭 자라고 있어 둘러보는 재미에 더없이 넉넉한 저녁이다. 가을 산사마다 특색이 있어서 풍성하기는 마찬가지일지 몰라도 유달리 잘 정리된 텃밭에 채소가 자라고 있는 절에 가면 왠지 고향에 온 듯이 포근함을 느낀다.

근대 한국 불교의 대선지식이었던 학명 선사는 반농반선半農半禪운동의 깃발을 내걸고 철저히 정진했던 선각자였다. 스님께서는 내장사에 주석하시면서 선원청규의 제일 원칙으로 오전에는 경을 읽고 오후에는 농사를 짓고 저녁에는 참선을 하는 것으로 일과를 삼아 대중과 더불어 실천하며 철저히 수행을 하였다. 또한 조용히 앉아서 고요함을 지키는 좌선 일변도의 정진 분위기에서 탈출하여 활발발한 경계를 통해서 나타나는 성품을 바로 자각하는 동중공부의 간화선 본래 정신으로 돌아가려는 선정신의 모범을 제시하였다. 돌이켜보면 일하면서 수행하는 아름다운 가풍이 언제부터인가 점점 사라지고 나니 수행의 향기도 아울러 사라지고 메마른 깨달음만 횡행하는 것 같아서 아쉽기만 하다.

특히 간화선의 지침은 생활선이며 활발한 경계 속에서 작용을 돌이켜 본래면목을 회복하는 운동이기에 옛 조사들은 손수 밭에 나가서 일하며 현장에서 공부를 경책하며 지도를 했다. 누구나 처음 발심하여 출가하게 되면 행자 시절을 거치는데 그때가 공부하기에 참 좋았다는 말들을 하게 되는 것은 일 속에서 온통 드러나는 일체 망념을 하심과 신심으로 몰록 돌이키는 시간이었기 때문이다. 더러는 계를 받고도 신심을 놓치지 않으려고 일부러 공양주 소임을 자처하기도 하고 더러는 농감 소임을 맡아서 행주좌와어묵동정 속에서 밀밀히 화두를 챙기기도 했다.

　봉암사의 공주규약에도 '일일부작 일일불식'의 표치 하에 고생스러운 노동도 불사한다고 적고 있다. 스님들이 공양주를 자처하고 밭에서는 채전을 가꾸면서 정진하는 모습은 후학들의 귀감이 되었다. 결제대중들이 울력으로 화목을 마련하고 오후 방선 시간마다 장작을 패는 소리가 죽비처럼 무명을 깨우던 시절이 눈에 선하다. 아궁이에서 불무더기가 이글거리는 화두 의단처럼 타오르면 어느덧 화광삼매가 되고 저녁연기는 수행의 향기가 되어 아랫마을로 내려가서 많은 사람들의 고달픈 마음을 감싸주고 품어줘서 안심 법문으로 작용하여 스님들은 복전이 되었던 시절이 그리워진다.

　절 집안이 옛날보다는 편리하고 풍요로워졌는데 정진의 열기는 옛날과 같지 못하고 도반의 정도 성글어가는 것은 아마도 울력을 하면서 서로 땀을 흘리는 일이 적고 어려움 속에서 수행의 향기를 기르지 않았기 때문일 것이다. 세상에는 아직 끼니를 굶는 사람들이 있는데 수행한다고 하면서 들어오는 대중공양에만 의지하여 동중공부를 단련하지 않으면 법난에서 살아남았던 선사들의 은혜를 등지게 될 것이다.

고요히 앉아서 선정에 치우친 공부로 오히려 졸음에 빠져 화두를 놓친다면 무슨 면목으로 부처와 조사의 은혜를 갚으며 출가할 때 목련존자처럼 부모를 제도해 달라고 하시던 면전을 다시 볼 것인지 스스로를 경책해 본다.

선원에서는 적어도 채전만이라도 가꾸어서 자급자족해야 할 것이며 산골 다랑이 묵전을 다시 갈아엎어 지혜의 씨앗을 뿌려 그간 나태했넌 수행의 가풍을 다시 회복해야 할 것이다.

귀뚜라미 청아한 울음소리에 가을이 점점 깊어가고 있다.

모처럼 이른 아침 바다에 나갔다.
밀물의 시간이라 서서히 물이 들어오고 상큼한 갯내음이 코끝을 스친다.
발자취 끊어진 백사장에는 적멸이 흐르고 포근한 날씨에 비가 내리고 있다.
앞 물결 사라지기 전에 뒷 물결 따라서 밀려오듯이 현전일념을 바로 알아차려서
화두에 의정을 부단히 제기해야 할 것이다.

해인삼매

    고향을 찾아온 사람들이 떠난 적막한 도량에는 벌써 어둠이 내리고 온통 소리의 향연이 시작되고 있다. 온갖 풀벌레 소리와 파도소리가 겹치고 있지만 반딧불이는 마치 지휘자처럼 이리저리 날며 소리 없는 소리로 묘음을 연출해 내고 있다.

    잠시 펼쳐 놓았던 어록을 덮어놓고 삼매에 들어본다. 어느덧 일체 소리의 흔적이 끊어지고 나니 동산의 능선에는 달이 솟구쳐 오른다. 관음상 뒤 억새밭에는 수없는 손들이 솟아올라 달빛을 맞이하고 있다.

    "누구네 집엔들 밝은 달 맑은 바람 없으리(誰家無明月淸風)."

-벽암록-

달은 점점 중천으로 떠오르다가 마치 큰 파도를 타는 듯이 구름을 넘어 해맑은 얼굴을 드러내고 있다. 사람이면 누구나 가지고 있는 천진면목을 훤칠하게 보여주고 있다. 어느덧 선실에도 하나의 달이 들어오고 나무마다 차별 없이 걸려있다.

달은 잘나거나 못난 사람이나 가난하거나 부자라고 해도 평등하게 비춰준다. 또한 큰 죄를 짓거나 학문이나 지위가 없어도 누구나 둥근 달 하나씩 품고 있다. 다만 사량 분별과 좋아하고 싫어하는 마음만 없으면 사람마다 차별 없이 가지고 있는 불성은 청풍명월과도 같아서 바로 드러나기 때문이다.

누구나 고향을 그리워하고 고향을 찾아오는 것은 순수하고 티 없이 맑은 본래 성품을 회복하고 싶은 마음 때문일 것이다. 만일 사람으로 태어나서 성품을 밝히지 못하면 밖에서 얻은 것은 아무리 귀한 보배일지라도 때가 되면 없어지고 말아 고향을 등지고 객지에서 헤매는 나그네 신세와 같아서 찬바람이 불면 더욱 외롭고 쓸쓸한 마음을 어디에 둘지 모를 것이다.

임제 스님께서 말씀하시기를 '지·수·화·풍 사대는 법을 설할 줄도 들을 줄도 모르고 허공도 또한 그러한데 다만 그대 눈앞에 홀로 밝으면서 형용할 수 없는 것만이 비로소 법을 설하고 들을 줄 안다'고 했다. 여기서 형용할 수 없는 것이란 모든 부처님의 법인이며 우리의 본래 마음이다. 그러나 사람들은 믿지 못하고 밖으로 찾아 나선다. 그래서 고인이 말씀하시기를 '내가 그대에게 일러주고 싶지만 그대가 믿지 않을까 두렵다'고 했다.

믿음을 성취하고 나면 오직 '이것' 뿐이기 때문이다. 비록 어쩔 수 없어서 이것이라고 이름해도 고운 피부에 상처를 낸 것과 같고 아무리 좋은 금가루라 해도 눈에는 오히려 허공꽃을 일으키니 일체 이름이 끊어졌기 때문이다. 그러나 나타날 때는 여섯 가지 문으로 나타나서 묘용이 자재하니 걸음걸음 달이 뜨고 맑은 바람이 일어난다.

한 줄기 불어오는 청풍에 귀를 씻고 갈대밭에 떨어지는 달빛에 한 생각을 쉬고 나면 일시에 주객이 끊어지고 '맑은 바람 둥근 달이 한집안 소식淸風明月共一家'임을 체험할 것이다. 인간이 참으로 아름답고 귀하게 보일 때는 자연과 하나 된 모습일 때이다. 이것은 불성이 온전히 발현한 농익은 모습이기 때문이다. 옛날 우리 어머니들이 한 그루의 나무나 돌에도 두 손 모아 정성을 들였던 것은 여기에서 불성의 참모습을 보았기 때문이다. 밝은 달과 맑은 바람뿐만 아니라 일체 생명은 불성의 나툼이어서 본래 둘이 아니다.

　요즈음 세상이 많이 어렵다고 한다. 서로가 마음의 벽을 허물고 따뜻한 말 한마디 훈훈한 미소를 건네 보자. 비록 가진 것이 없어 줄 것이 없다고 하지만 이보다 더한 보시는 없을 것이다. 그러면 처하는 곳마다 맑은 바람이 불어오고 밝은 달이 뜰 것이다.

　어느덧 달은 바다에 떨어져 해인삼매에 들었다.

구법의 원력

　뒷산 봉우리에 벌써 단풍이 내려오고 있다. 예년에 비하여 빠른데 아마도 극심한 가뭄 때문인 것 같다. 도량에는 타는 목마름 속에서도 국화가 꽃망울을 터뜨리고 고절한 향기를 뿜어내고 있다. 밭에서 마을 사람들이 메마른 땅에 물을 뿌리며 뙤약볕 아래서 양파를 심는 모습이 무척 힘겨워 보인다.

　지혜로운 사람과 자연은 이처럼 어려운 환경 속에서도 제 빛깔과 향기를 포기하지 않고 시절인연을 거스르지 않는다. 참으로 신비하고 경이로운 모습이다.

　혜초 스님은 신라 성덕왕 3년(704년)에 출생하여 열여섯 살 때 당나라 유학길에 올라 인도의 스님인 금강지에게 밀교를 배우고 그의 권유로 구법여행을 떠났다. 인도의 거친 자연과 낯선 사람들 속에서 목숨을 내건 험한 여정이 얼마나 힘들었는지 남아시아 넓은 사막을 횡단하고 히말라야 높은 봉우리를 보며 지은 시에서 잘 나타나고 있다.

최고의 기행문이라 불리는 『왕오천축국전』은 진리를 향한 구법의 원력이 얼마나 숭고한 것인지 생각만 해도 온몸에 전율이 흐르게 한다. 이십여 년 전 두 철 동안 혼자 인도를 만행하고 히말라야 안나푸르나 올라운드 트레킹 코스인 토롱페스를 넘으면서 겪었던 외로움과 함께 죽음의 고비를 넘겼던 기억이 겹쳐져 참으로 눈물이 흐를 것만 같다.

인간이 가지고 있는 근본적인 문제는 존재의 고통과 죽음에 대한 두려움일 것이다. 사람은 누구나 태어나면 사고四苦와 팔고八苦의 고통에 놓이게 되고 성주괴공成住壞空이라는 자연 환경에 처하게 된다. 세상 사람들은 희망의 끈을 놓치지 않으려고 오늘도 발버둥치며 살아간다. 아무리 어려운 고통 속에서도 희망이 있는 사람은 죽음의 공포를 잠시 잊을 수 있기 때문이다. 하지만 무상살귀無相殺鬼는 시시각각으로 사람의 생명을 조여 와서 남녀노소를 가리지 않는다. 바깥에서 구하여 얻어진 것들은 보배가 아니라서 근본을 요달하지 않으면 누구도 비켜갈 수 없는 죽음이 기다리고 있기 때문이다.

요즈음 사람들은 몸이 죽으면 따라서 고통이 사라질 것이라는 착각 속에서 스스로 목숨을 끊는 살생의 업을 짓게 되는데 참으로 무서운 죄업인 줄 모르니 안타깝기만 하다. 설사 삶의 고통이 죽음의 공포를 망각하게 할 정도로 닥쳐오더라도 사람 몸 받기 어렵고 불법 만나기 어려우며 정법 만나기는 참으로 어려우니 오히려 여기에서 크게 발심하는 계기를 삼아야 한다. 그래서 수행문으로 들어서는 절호의 기회를 놓치지 말아야 할 것이다. 생사란 한 생각 일어나고 사라짐이지 결코 몸이 죽는 단멸의 허무가 아니기 때문이다. 그래서 달마 스님께서는 '마음을 구하지 부처를 구하지 않으며 마음을 다스릴지언정 몸을 다스리지 않는다'고 했다.

한편 구도자들은 죽음의 공포가 두려워서 구법의 길을 떠나게 되는데 난행을 능행하여 끝내 생사대사를 해결하는 것은 굳은 신심과 원력 때문일 것이다. 내가 본래 부처라는 바른 신심

잠시 비가 갠 틈을 타서 아침 일찍 도랑의 풀을 베다 보니 어느덧 늦은 공양이다.
이제 비가 그만 그쳤으면 좋겠는데 다음 주까지 계속 내린다는 예보다.
텃밭으로 가는 길목에 하얀 우산 하나.
일체 번뇌의 어지러운 비를 받아내는 법의 우산버섯이 활짝 피었다.
각자 취향에 따라서 무지개색으로 바꾸어 쓸 수 있으니 알아서 색칠해 볼 일이다.

을 갖추게 되면 지금 처해있는 범부에서 벗어나려는 마음에 태산을 일시에 무너뜨리고 바닷물을 한입에 삼켜 버리는 대분심과 대의단이 형성되어 은산철벽인 화두를 타파하고 생사대사를 해결하게 된다. 하지만 발심을 하지 않고 정견을 갖추지 못하면 길을 잃고 수행을 포기하게 되는데 이것은 내가 본래 부처라는 신심이 약하고 원력이 부족하기 때문이다.

바다를 건너갈 때 배를 의지하면 아무리 크고 무거운 것도 쉽게 건널 수 있듯이 존재의 원리는 연기이며 중도여서 내가 본래 부처라는 바른 믿음으로 생사대해를 능히 건너가게 된다.

산비탈에는 한 무더기 쑥부쟁이가 끈질긴 생명력으로 가을 하늘과 바다를 만나 동색을 이루고 있다.

워낭소리

봄비가 흠뻑 내리고 나니 산과 들은 온통 생기로 가득하다. 생강나무는 산에서 제일 가는 봄의 전령사답게 수줍은 미소를 머금고 무더기로 피어오르고 있다.

오랜만에 고향마을 제석사에 다녀왔다. 황톳길은 비가 오면 소들의 발자국으로 얼룩졌는데 웅덩이처럼 고인 흙탕물을 밟아서 하얀 바짓가랑이에 붉은 물이 들면 야단을 맞았던 추억의 길을 밟고 왔다. 뒷산 중턱에서 샘처럼 솟아오르며 시작되는 물은 수량이 풍부하여 가뭄에도 아랑곳없어 예와 지금이 둘 아님을 변함없이 노래하고 있었다.

어려운 여건 속에서 도량을 새롭게 결계하고 천일기도 정진으로 여법하게 불사를 하고 있는 모습에 훈훈한 감동을 받았다.

색신이 법당이어서 아프면 부처가 영험이 없으니 건강을 잘 챙기라는 걱정 아닌 걱정을 하고 도량을 둘러본다.

절 마당에서는 사월 초파일이 되면 농사일을 잠시 멈추고 모두가 함께 모여 연등을 달아 노래하고 춤추며 한바탕 거나하게 축제가 벌어졌다. 모친 보살님은 유난히 흥이 많아서 장구를 둘러메면 어느덧 마을 사람들의 막혔던 기운을 뚫어 신바람을 불어 넣었는데 그 기억이 생경하게 떠오른다. 여름 방학이 되면 친구들은 소를 몰고 절 마당에 모여서 각자 고삐를 풀고, 소들이 무성한 수풀 속으로 들어가면 저마다 자기 세상이 되어 시냇가에서 멱을 감고 가재를 잡으며 신나게 놀았다. 어느덧 하루해가 뉘엿뉘엿 서산으로 지고 땅거미가 내릴 때 소들이 긴 행렬을 이루어 집으로 내려가며 내던 워낭소리는 잊지 못할 불성의 원음으로 남아있다.

요즈음 전국의 극장가에는 워낭소리로 가득하다고 한다. 어쩌다 소가 무성한 수풀 속에서 길을 잃으면 찾아서 헤매게 되는데 멀리서 들려오는 워낭소리는 소를 잃은 친구들에게는 자비하신 관세음의 음성이었다. 성품의 소가 거기에 있다는 반가운

소식이었기 때문이다. 세계적인 경제위기로 모두가 불안하고 위축되어 있는데 워낭소리에 따뜻하고 정겨웠던 부모님과 함께 고향을 떠올리며 한 생각을 쉬어 간다면 어려운 세상사에서 살아나가는 한 줄기 지혜가 열릴 것이다.

아울러 소리를 들을 때는 성품이 귀에 나타나므로 바로 알아차리면 소리는 흔적 없이 사라지고 일체에 걸림 없는 성품을 친견하게 되어 잃어버린 마음의 고향을 함께 회복할 수 있을 것이다. 『벽암록』에는 산 너머 연기가 일어나면 불이 난 줄 알고 담 너머 뿔이 보이면 소가 있는 줄 지혜로운 사람은 바로 안다고 했다. 눈앞에 전개되어 천 가닥 만 가닥 꼬여있는 세상사를 보면 지혜로운 사람은 바로 마음의 작용인 줄 깨달아 따라가지 않고 한칼에 끊어버려 경계와 하나가 되면 현전삼매를 이룰 것이다.

워낭소리 산을 넘고 물을 건너
그대에게 다가오면 고향 소식인 줄
바로 깨달아 더 이상 헤매지 마소.

지혜의 불씨

숲에는 스산한 겨울비가 내리고 있다. 빈 가지들 사이 고욤나무에는 붉은 삼 하나마다 부처님, 온통 진실을 드러내며 거룩한 만다라를 펼치고 있다.

항구에는 정박 중인 크고 작은 배들이 물결을 따라서 오르고 내리면서 부딪쳐 내는 소리가 마치 오케스트라 소리인 듯 황홀하기만 하다. 뜰 앞에는 국화가 지고 있는데 한 줄기 차가운 서풍은 웬일로 처마 끝 풍경를 자꾸만 흔들어대고 있다. 그저 바라만 보고 있어도 스쳐가는 모든 인연들은 성품을 스스럼없이 드러내고 지나간다. 그래서 『신심명』에서는 "한 마음이 나지 않으면 만 가지 일에 허물이 없다"고 했는지 모른다.

온종일 하는 일은 범부와 조금도 다름이 없어서 바쁘고 힘들

때도 있지만 본분사를 드러내는 일이어서 한 치의 오차를 허락하지 않는다. 아직 남아 있는 업력을 따라가지 않고 녹이는 일이지만 예전같이 크게 힘쓸 일은 아니어서 수월하지만 조금도 방심해서는 안 되겠다는 생각이 드는 것은 고인들의 지나온 행로가 이와 같이 철저했기 때문이다.

수행하는 사람은 온종일 이 일을 밝히고 드러내고 쓸 뿐 달리 하는 일이 없다. 때론 불전에 나아가 예불하고 불공하며 축원하지만 모든 인연들이 이와 같이 함께 기쁨을 얻어 행복해지기를 발원한다. 오직 성품을 밝혔느냐에 있을 뿐 달리 어떤 허세나 수행의 거품을 허락하지 않는다. 눈앞의 경계나 한 생각에 미했을지라도 뒷생각을 바로 돌이키면 의젓한 부처이기 때문이다. 본래 가지고 있어서 조금도 부족하지 않으며 뭐라 이름 지을 수 없어 부처라 하고 마음이라 하며 때론 가지가지 이름이 생겨나지만 일체 상이 상이 아닌 줄 깨달으면 아무런 흔적이 없어 참생명이 이렇게 그윽하니 만 가지 일에 아무런 허물이 없다. 오늘도 이러하고 내일도 이러해서 특별한 일이 없어 진실하게 살아갈 뿐이다.

세상이 어려운 것은 그동안 탐욕스럽게 살아온 공업의 결과
이니 기꺼이 받아들이고 함께 고통을 나누어 이겨내야 하는 것
이 또한 현실이다. 모든 것을 자기 일로 받아들이고 나면 눈앞
에 나타나는 것은 오직 살아 있다는 감사와 더불어 이웃들을 생
각하는 자비심의 발원일 것이다. 이렇게 되면 눈앞에는 삶의 희
망이 뚜렷하게 되고 마치 꺼진 불씨가 되살아나는 것 같다. 다
만 여기에 풀무질을 멈추지 않으면 어느덧 한 무더기 불덩어리
가 되어 마침내는 온 세상의 어둠을 밝히고 남음이 있음을 알게
된다.

자기야말로 참으로 보배다. 자기 안에 부처가 있기 때문이다.
지금 한 치 앞을 볼 수 없어 차디찬 어둠 속이지만 포기하지 말
고 그 속에서 지혜의 불씨를 찾아야 한다. 손을 이리저리 뒤적
이는 순간마다 바로 광명이 나타나기 때문이다. 백장 스님은 위
산 영우 스님에게 화로에서 불씨를 찾아낼 것을 요구하였다. 제
자는 찾아도 없다고 하였다. 이에 스승은 직접 화로를 뒤적이며
작은 불씨 하나를 찾아서 보여주며 이것이 무엇이냐고 다그치
니 곧 깨달았다. 불씨는 그저 불씨가 아니었던 것이다. 춥다고

움츠리지 말고 손을 호호 불어보고 두 발을 동동 굴러보자. 움직이는 곳마다 불씨가 살아날 것이다.

자기를 과소평가해서는 안 된다. 자기 내면을 다시 한 번 들여다보자. 무명의 어둠 속에서 한 톨의 불씨를 찾아내야 한다. 이 작은 불씨가 결국에는 자기를 밝히고 세상을 밝히는 지혜의 불씨이며 시절인연을 만나면 부처를 이루기 때문이다.

한 무리 철새가 한일자를 그으며 뱃머리를 지나간다.

맑은 가난

섬에도 첫눈이 내리고 있다. 마치 철없는 나비떼가 허공 가득 군무를 펼치고 있는 듯 펄펄 날아오르고 있다. 어느덧 나뭇가지에 살포시 내려앉아 눈꽃을 피우고 몽돌밭에는 목화솜을 깔아 놓은 듯 은빛 파도와 만나서 동색을 이루어 세상은 온통 바다가 되었다. 섬들은 가부좌를 틀고 선정에 들어 일체 생멸인연이 사라진 법성의 바다에 하얀 연꽃으로 피어오른다.

마침 오늘은 구들방이 완공되어 처음 군불을 때는 날이라서 축제라도 벌어진 것 같다. 저녁연기는 매서운 바람을 가르고 힘차게 굴뚝으로 솟구쳐 올라 하늘 끝에 닿았고 아궁이는 일체 번뇌의 티끌을 태우고 있다. 그러나 티끌은 몸을 바꾸지 않고 바로 광명으로 화하여서 이글거리는 불덩어리들이 오색 사리인 양 지혜를 나투고 있다.

냉랭했던 돌 속에 어느덧 피가 흐르니 방에는 온기가 퍼지고 군고구마 향기가 가득하다. 달은 구름을 헤치고 언뜻언뜻 고개를 내밀어 창을 넘어와서 속삭이고 사각거리는 대숲바람의 고절한 법음에 점점 겨울밤이 깊어가고 있다. 참으로 맑은 가난이라서 뭐라고 이름 붙일 수 없으나 이렇게 여여하게 나투고 있으니 특별한 신통을 바라지 않는다. 향엄 선사는 깨닫고 나서 오도송을 짓기를 '거년 가난은 가난이 아니어서 송곳 꽂을 땅이 없더니 금년 가난은 참가난이라 송곳마저 없다'고 노래했다.

뼈를 깎는 정진으로 설사 청명한 겨울 하늘에 외로이 뜬 달처럼 고고한 경지를 자랑하고 오매일여의 경계에서 노닐고 있다고 해도 다시 한 번 죽어서 티끌경계로 나와 자유자재할 수 없다면 평지에서 죽은 사람이니 목석과 같아서 추운 겨울에 냉기가 흐르는 사람일 것이다. 세상에 지금 대란이 닥쳐왔으니 여기에서 목숨을 던져버리고 갱진일보하여 다시 한 번 태어나서 이웃들과 아픔을 함께해야 할 것이다.

낮에는 작업복 차림으로 한창 일을 하고 있는데 외환위기 때

찾아와서 잠시 난을 피했던 처사님이 오랜만에 다시 찾아왔다. 아마도 실직을 한 것 같아 보였는데 사정을 들어보니 옛날 버릇을 고치지 못하고 안일하게 살아온 것 같아서 나무라며 크게 고함을 질렀더니 자존심이 상했는지 도망을 치듯이 달아난다. 범부는 그 놈의 잘난 자존심 때문에 자신을 망친다. 지금 대란이 닥쳐왔는데도 아직 정신을 차리지 못하고 있으니 참으로 안타깝기만 하다. 사람은 고치지 않고 옛 버릇을 고치기만 하면 의젓한 부처여서 어떤 고난이라도 고난이 아니어서 투과할 수 있기 때문이다.

세상은 지금 대량실업의 공포가 다시 휘몰아치고 있다. 자존심이라는 아상이 남아 있는 사람은 아직 가난한 사람이 아니어서 참으로 힘든 겨울이 될 것이지만 닥쳐온 가난을 참으로 자기 것으로 수용하고 마지막 남아 있는 자존심마저 던져버리고 온몸으로 받아들인 사람에게는 발심의 계기가 될 수 있고 또 다른 일을 찾아서 인생의 새로운 1막 2장이 열릴 수도 있을 것이다. 참으로 마음길이 끊어져서 궁하고 궁하여 더 이상 갈 곳이 없는 곳에 걸림 없는 지혜광명이 찬란하기 때문이다.

깊은 밤 산짐승의 울음소리

칠흑 같은 어둠을 가르고 있다.

연잎 위 보석처럼 영롱한 빗방울
비 갠 후 바다로 내려가 은빛으로 넘실거린다.

양변의 덮개

　어제는 견우와 직녀의 애틋한 사랑을 위하여 까치와 까마귀가 오작교를 만들어 일 년에 한 번뿐인 만남을 주선하는 민족 고유의 명절 칠석이었다. 절에서는 수명장수와 자손창성을 바라는 불공을 올리고 백중맞이 기도를 함께 입재한다. 아침 일찍 아랫마을에서 노보살님들이 올라왔다. 지난 칠석에 왔을 때는 어르신 병수발 때문에 너무 힘이 든다고 관세음보살님 전에 울면서 하소연했는데 이번에 노보살님의 밝은 모습을 보니 무척이나 반갑다. 어르신 병세가 호전되어서 감사의 기도를 올리는 아름다운 동행의 모습에 가슴이 뿌듯하다.

　저녁이 되니 늦더위의 열기가 서서히 누그러지고 귀뚜라미의 장엄한 합창은 소나무에 걸려 있는 초승달과 어우러져 무생곡을 타고 있어 더없이 아름다운 밤이다. 하늘에는 은하수가 보석을 깔아 놓은 듯 반짝거리고 어느덧 견우와 직녀의 애틋한 만남이 이루어질 것만 같았다. 이처럼 계산이 없는 남녀의 지극한 사랑이 있어 남자는 더없이 안온한 선정인 여자를 만남으로써 본래 남녀가 없는 불성에 계합하게 된다. 또한 여자는 거룩한 지혜인 남자의 만남을 인연하여 정혜쌍수를 이루어 비로소 남녀가 없는 불성에 계합하며 비남비녀의 원만한 상호를 갖추고 한량없는 보살행을 실천하여 이웃들을 자비로 섭수하게 된다. 그래서 남녀의 양변 덮개가 떨어지고 서로가 선지식이 되어주고 도반이 되어 지극한 성품에 계합하는 것이 불교적인 칠석의 뜻 깊은 의미가 될 것이다.

얼마 전에는 높이 솟아올라 '우주로'라는 지명을 가진 전남 고흥군 나로 우주센터에서 우리 땅에서 최초로 우주 발사체를 쏘아 올리는 기쁨을 만끽할 수 있었다. 마치 출가하여 처음 삭발했던 때의 환희심과 애틋한 슬픔이 교차하는 묘한 기분이 들었다. 우주법계가 오직 한마음이라고 했는데 출가하여 마음을 밝히는 대장정을 떠나는 심정이나 '나로호'가 우리의 꿈과 희망을 싣고 우주로 출발하는 것이나 둘이 아니라는 생각이 들었기 때문이다.

『신심명』에 나오는 "지극한 도는 어렵지 않으나 오직 사랑하고 미워하는 간택심을 꺼릴 뿐이다"라는 말처럼 양변의 덮개를 벗어나 본래 공하여 둥그런 마음의 공전궤도에 진입하기가 참으로 간단하지가 않다. 그것은 마음이 본래 부처이며 우주가 바로 마음임을 믿기가 어렵기 때문이다. 손오공이 아무리 멀리 날아가도 결국에는 부처님 손바닥이라는 말은 우주법계는 일심을 벗어나지 못한다는 뜻이다. 그러나 안타깝게도 나로호가 양변 덮개라는 무명의 깊은 업력을 벗어버리지 못하고 공전궤도 진입에 실패하였다니 더욱 애틋하고 슬픈 마음이 일어난다. 사람들은 곱게 길러 시집보낸 딸이 하루도 못 살고 죽어버린 꼴이라고 자조하고 있으니 얼마나 기대가 컸는지 짐작이 되지만 그 과정에서 고생한 과학자들의 쓰린 마음도 함께 헤아려야 할 것이다.

그동안 많은 사람들이 공문에 들어왔지만 도중에 좌절하고 포기하여 마음을 끝까지 밝힌 사람들은 많지가 않다. 조주 스님께서도 삼십 년을 오로지 잡된 마음을 쓰지 않았다고 했다. 그것을 보면 깨닫고 나서도 불행수행을 실천하여 남은 습기를 녹여야 하는 행업의 순일이 얼마나 중요한 것인지 짐작이 가기 때문이다.

민주와 인권 평화를 위하여 한평생 헌신했던 김대중 전 대통령 서거로 바야흐로 우리 사회에 화해와 통합의 기운이 솟아오르고 있다. 그동안 산업화세력과 민주화세력 간의 대립과 남북한의 줄 타는 이념 대립은 끝없는 혼란과 불안의 요인이 되었다. 이제 해묵은 양변 덮개를 아무런 조건이나 자존심 없이 벗어버리고 서로 화해하고 통합하는 우주시대를 활짝 열어가야 할 것이다.

밤은 으슥하니 깊어 더없이 고요한데 국적 없는 귀뚜라미 울음소리 귓가에서 한량없는 묘용을 나투고 있다.

포살의 회향

새벽 예불 시간까지 불던 강풍이 서서히 잦아들고 있다. 오늘
은 본사에 포살이 있어 가는 날이다. 새해 들어 첫 장날이라서
많은 사람들이 대합실에 모여 서로 덕담을 나누고 있다. 아침
해는 은빛 파도를 붉게 물들이며 서서히 뱃머리에 오르고 추운
날씨에도 불구하고 새벽부터 바다에 나갔던 배들이 하나 둘 항
구로 돌아오고 있다.

오랜만에 나그네가 되는 듯 쾌활한 기분에 차창으로 들어오
는 산과 들이 함께 길을 나서는 듯 반갑게 인사를 한다. 걸망을
메고 편백나무 숲길을 따라서 들어간다. 처음 출가했을 때가 생
각나고 아직도 옛 발자국의 흔적이 남아 있는 듯하여 자박자박
걸음을 옮기며 초발심을 다시 한 번 점검해 본다. 어느덧 고색

창연한 일주문에 이르러 소맷돌에 조각된 선정과 지혜를 상징하는 두 마리 사자 석상을 만져보니 비로소 조계로 통하는 대로에 들어섰음이 실감난다.

포살을 알리는 대종이 울리니 대중스님들이 하나 둘 큰방에 모여들고 있다. 지난 허물을 성품에 비추어 반조하며 본래 청정하여 한 티끌도 없음을 뿌리까지 드러낸다. 나의 허물을 비롯하여 이웃들의 허물을 대신하며 일체 중생의 허물을 함께 참회한다는 것은 일체 중생의 비탕이 이와 같이 본래 청정함으로써 여기에 바로 계합하는 것이다. 차별이 없는 성품에는 누구나 평등하여 일체 죄업이 사라졌기 때문이다.

이어서 방장스님의 법문이 시작되었다. 옛날에 보문 스님을 모시고 살 때 일인데 사고가 나서 수술을 하게 되었단다. 스님은 의사에게 마취를 하지 말 것을 당부했는데 당신의 정진력을 점검하기 위해서였다. 그런데 살에 칼을 댈 때는 몰랐는데 뼈를 자를 때는 들고 있던 화두도 달아나버리고 정신이 혼미해서 온데간데없더라고 실토를 했단다. 그러므로 생사를 당해서는 누구나 장담할 수 없으니 용맹정진을 당부했다고 한다. 여기에 비

추어 보니 참으로 부끄러운 마음이어서 더욱 방심하지 말아야
겠다는 생각에 큰 경책이 되었다.

포살을 마치고 대중교통을 번갈아 오르내리면서 많은 사람들
을 만난다. 이런저런 삶의 애환을 들으며 많은 것을 느낄 수 있
었다. 은사스님께서 걸망에 넣어주신 국수 한 다발을 차를 청소
하는 사람들에게 주었는데 감사해 하며 웃는 어르신들의 모습
이 흐뭇하기만 하다.

어느덧 항구에 어둠이 내리는데 붕어빵집에 들렀더니 나이
든 주인아주머니가 허리를 다쳐서 일어나지 못한다고 하소연이
다. 그래서 선 체조 몇 동작으로 바로 일어나게 해주었더니 붕
어빵을 덤으로 얹어주고 병은 자랑을 해야 한다며 크게 웃는다.
선원에 도착하여 하얀 진돗개 반야와 나누어 먹었더니 좋아서
이리 구르고 저리 구르며 반야를 나투면서 포살이 잘 회향되었
음을 증명해 주었다.

처마 끝에는 고드름이 거꾸로 자라고 있다.

끝이 없는 가을 바다는 무심을 드러내고 있다.

만약 부처나 조사라는 한 생각 견해를 세운다면 그대를 산 채로 빠뜨려버리니 조심해야 한다.

조금 공부했다고 아는 견해에 붙잡히면 스스로 족쇄를 차는 격이니

그래서 아는 것으로 가까이 가면 죽는다고 했다. 다만 바다처럼 끝없이 버리고 낮추어서

일체 견해가 사라지면 가을 하늘은 소리없이 응할 것이다.

마음밭에
법의 단비를

해는 구름 속에 숨었고 도량에는 바다안개로 가득하다. 아마
도 비가 오려는 모양이다. 작년 여름부터 섬에는 비다운 비가
한 번도 내리지 않았다. 관음상 앞에 나아가 두 손을 모으고 자
비의 먹구름을 드리워 법비를 내리시고 모두가 해탈을 이루게
해 달라는 간절한 기도를 올린다.

『법화경』 약초유품에서는 '하늘에 구름이 일어 큰 비가 내릴
적에 온 산과 들에 가득한 풀과 나무들은 그 크기에 따라서 물을
받아들이는 것이 다르다'고 했다. 부처님께서는 차별 없이 한
맛으로 법을 설하지만 사람마다 그 수준과 근기에 따라서 법을

이해하고 받아들이는 것이 각각 다르다는 것이다. 그래서 원효 스님께서도 부처님은 오직 '사람이 본래 부처'라는 일승만을 설했지만 근기에 따라서 차별이 있다고 했다.

세상은 지금 온통 불기운에 휩싸여 있다. 작년에 불어닥친 미국발 경제 한파가 아직 꺾일 줄 모르고 있고 용산참사와 더불어 부녀자 연쇄살인 사건의 공포와 여기저기서 들려오는 대량실업의 공포, 줄줄이 도산하는 기업들의 비명소리가 마치 불난 집에서 아우성치는 것처럼 들린다. 봄이 온다고 해도 예전 봄과 같지 않다는 말이 참으로 실감난다.

설상가상으로 오랜 가뭄으로 저수지가 거북의 등처럼 갈라져 바닥을 드러내고 더구나 식수마저 제한적으로 공급 받는 모습을 보니 참으로 물이 얼마나 소중한지 알 것만 같다. 그러나 가만히 앉아서 비를 기다려서는 안 된다. 하늘을 감동시키기 위해서는 해묵은 원망과 증오의 감정을 풀고 서로 용서하고 화합하여 내 안의 탐·진·치 삼독의 불을 끄는 일이 급선무이기 때문이다.

동안거가 끝나고 스님들은 저마다 인연을 따라서 산으로 마을로 만행을 떠날 것이다. 한 철 동안 정진해서 얻은 지혜를 나누는 것은 마치 부처님께서 출현하신 것과 같기에 가는 곳마다 목마른 사람들의 마음밭에 법의 단비를 내려서 타는 갈증을 풀어주어야 할 것이다.

시절인연은 거역할 수 없는 것이어서 꽃은 피고 물은 다시 흐를 것이다. 다만 요구하는 것으로 소처럼 우직하고 근면하며 필사적인 정진을 배가하는 것으로 모두를 감동시킨다면 반드시 큰비가 내리고 일체 생명들이 약동하는 환희의 봄이 될 것이다.

어느덧 안개가 흩어지고 나니 저 멀리 썰물의 바다는 서서히 파란 나라를 드러내고 있다. 금방이라도 달려가서 마음껏 해초를 따다가 실컷 봄을 맞이하고 싶은 충동이 일어나서 자꾸 바라보다가 물때를 맞춰서 바다로 내려간다. 동안거 용맹정진으로 몽돌밭은 더욱 둥글고 정갈하게 단장하여 해맑은 기운으로 반갑게 맞아준다. 갯바위에는 물미역과 돌김, 부드러운 파래와 톳이 지천으로 붙어 자라고 있다. 신명이 나서 나도 모르게 흥얼거리는 소리가 어느덧 바다와 하나가 되어 웃음으로 넘실거린다.

여기저기 동네 사람들도 함께 봄을 맞아 해초를 따면서 바다와 소통하고 있어 더욱 즐겁기만 하다. 어느덧 자루에는 해초가 가득하여 더 욕심을 부리면 안 될 것 같아서 얼른 몸을 돌리고 잠시 갯바위에 앉아 바다를 바라본다. 하루해는 바다에 떨어지고 저녁노을이 저 멀리 섬에 내려앉아 장엄한 연꽃을 피우고 있다.

바다는 겨우내 끝없이 안으로 고통을 다스리면서 저마다 자기 색깔과 향기에 맞는 봄을 준비하고 있었다. 온종일 바다에 나가 봄을 맞고 돌아와 혼자 마주하는 저녁이지만 부드러운 해초의 향기가 입 안에 가득하고 뿌듯한 미소가 어둠을 밝히고 있다.

앞마당에는 매화의 향기소리 바다를 건너간다.

일면불과
월면불의 만남

　태양이 지루한 장마 끝에 모처럼 환한 얼굴을 드러내니 온통 풀잎마다 새롭다. 도반스님은 아침 일찍 안부를 물으며 오늘은 밤과 낮이 하나로 만나는 일식이 있으니 대낮에 야반삼경의 종소리를 들어보라고 한다. 사시가 되어 앞마당에 나가 너럭바위에 누우니 태양과 눈 맞춤이 시작되었다. 하늘에는 여기저기 먹구름이 떠 있고 양떼구름 사이사이마다 청잣빛 하늘이 신비스럽기만 하다. 한편 뒷산 능선이 그려내는 곡선의 아름다움을 한가로이 관상하면서 긴 장마의 지루함을 털어내며 일면불과 월면불의 만남을 설레는 마음으로 기다리고 있다.

　마침내 먹구름을 떨치고 나타난 것은 초승달의 모습이다. 오

랜 윤회의 흐름 속에서 홀연히 양변이 끊어지고 나타난 마음달
이니 참으로 싱그럽고 천진한 면목에 문득 환희심과 함께 침묵
이 흐른다. 어느덧 두 손 모아 합장하고 일면불과 월면불을 되
뇌니 낮과 밤이 하나 되어 천지는 빛을 잃었다.

이윽고 태양은 구름 속에서 출몰을 반복하며 반달로 모습을
바꾸더니 이내 점점 둥글어지는 화려한 우주 쇼를 펼치고 있다.
남녘 바다 섬에서 누리는 청복을 만끽하며 이제는 강열한 빛을
피해서 느티나무를 붙잡고 가지 사이로 드러나는 일식의 모습
을 관찰하니 더욱 신비스럽고 환희심이 솟구쳐 오른다. 지금 우
주의 화려한 쇼를 보기 위해서 지구촌의 수많은 사람들이 동시
에 참여하고 있으며 법계의 중중무진한 인연들이 함께하고 있
다는 생각에 잠기다가 다시 하늘을 보니 고추잠자리도 환희의
날갯짓으로 더욱 높이 날아오르고 있다.

허공은 텅 비어 있어 모양을 그릴 수 없지만 삼라만상을 능히
포용하여 해와 달을 띄우고 사시사철을 운행하며 지수화풍을
인연하여 만물을 성주괴공으로 다스리고 있다. 하지만 허공은
각에서 나온 것이니 누가 법계의 성품을 알고자 한다면 오직 일

체가 마음에서 비롯함을 요달해야 한다.

장야의 오랜 무명으로 전도되어 살아가고 있는 미혹한 범부들은 이러한 사실을 자각하지 못하고 무위자연이라는 말에 떨어져 마음 밖으로 진리를 찾고 있다. 그래서 허공은 해와 달이 하나로 만나는 인연을 연출하여 낮과 밤이 둘이 아닌 도리를 설하고 어리석은 중생들의 허망한 분별인 양변을 일시에 빼앗아 버린다. 한편 밖으로 향하는 생각의 빛을 거두어 안으로 돌이켜 가만히 성품을 반조하라고 요구하지만 사람들은 오직 허망한 변화를 좇아서 실제인 양 착각을 일으키고 있다. 그러나 법계가 오직 마음이며 인연일 뿐임을 요달하게 되면 변화의 중심에 서게 되어 한량없는 묘용을 연출해 낼 것이다.

어느덧 어젯밤 꿈속의 일인 양 일식이 지나가고 해와 달이 각자 제자리로 돌아가니 꿩은 크게 소리치면서 산을 내려오고 바다는 앞마당에 넘실거리고 있다. 이제 잠시 청복을 누렸으니 회향게를 외우면서 폭우로 인해 시름하고 있는 이웃들을 생각하며 두 손 모아 합장하고 모두가 고통에서 빨리 벗어나기를 발원해 본다.

태양은 다시 본래면목을 드러내고 아무런 흔적도 없는 듯이 무심하게 서쪽으로 가고 있다. 본래 허공과도 같은 텅 빈 마음이지만 묘하게 아는 성질이 있음을 새삼스럽게 확인하고 나니 불어오는 바닷바람에 고향소식을 들으며 두두물물이 비로자나 화장세계임을 깨닫는다.

하지만 업력을 따라서 저마다 뒤집어쓴 가죽주머니를 벗어나려면 참으로 비상한 각오가 있어야 법계의 냉혹한 인과를 벗어날 수 있다. 아는 것이 아직 남아 있으면 마음 길이 다하지 못하여 끝없이 생사의 격랑에 시달림을 당하게 될 것이다. 참으로 알 수 없는 활구는 일체 분별의 그물을 일시에 잘라내고 본래 생사가 없는 성품을 바로 드러낸다. 그러나 이것도 하나의 관문이어서 다시 일체 차별의 세계로 나와 본래 평등한 성품의 담담하고 활발발함을 단련시켜 일체 중생의 아픔이 바로 나의 모습임을 요달하여 한량없는 보현행원을 실천해야 한다.

장맛비 속에서도 초목들은 저마다 할 일을 멈추지 않는다. 모든 생명들마다 가지고 있는 법성의 오묘함은 겉으로는 천차만별의 모습이지만 저마다 참으로 그윽한 누림을 즐기고 있다. 밖으로 일체 흐름을 끊어버리고 오직 안으로 끝없는 회광반조를 통해서 습기에 젖지 않는 불성을 드러내는 것이 얼마나 귀한 일인지 비로소 알 것 같아 안거의 소중함을 되돌아본다. 끝없이 흐르는 욕망의 불길을 안으로 돌이키고 또 돌이키면 저마다 넉넉한 평화와 안락의 섬이 자기 안에 이미 갖추어져 있었다는 사실에 환희심이 일어날 것이다.

일체 반연 속에서 활구의정으로 정혜를 평등하게 성취하니 본래 천진한 묘성에서 일찍이 한 걸음도 옮기지 않았음을 보고 옛사람의 쓴웃음을 지어 본다.

하늘에는 소리개가 일원상을 그리고 있다.

일면불과 월면불이 서로 만나니 천지는 빛을 잃었고 중생의 업식은 몰록 무너졌다.
다시 제자리로 돌아가니 산천초목 풀잎마다 새롭고
사람들의 살림살이 더없이 풍요롭다.

소통의 다리

　도반스님들이 꽃샘추위와 함께 찾아와서 작은 사슴의 섬 소록도에 다녀왔다. 이제 차별과 소외의 뱃길이 사라지고 평등과 소통의 다리가 열렸기 때문이다.

　학창 시절에 감동 깊게 읽었던 구도소설 『솔바람 물결소리』가 떠올라 다리를 건너가는 것이 더욱 애절하게 다가온다. 한 소년이 한센병 환자를 부모로 두었는데 구도자의 길을 걷게 되면서 음성환자인 마을 사람들과 사랑을 나누는 것으로 보살행의 실천을 그린 소설이었다.

　어느덧 하얀 목련이 벌써 지고 있는데 많은 관광객들은 한센인들이 그동안 겪었던 깊은 한을 위로하는 듯 이야기꽃을 피우고 있다. 원생들은 자녀가 태어난 경우 전염을 우려해서 격리하고 한 달에 한 번 면회가 허용되었다고 한다. 그 만남의 장소를 '수탄장'이라 한다는 슬픈 이야기를 들으니 섬 속에 또 하나의 섬이 있어 마치 어미사슴과 새끼사슴이 철조망을 앞에 두고 마음대로 만나지 못하는 모습인 양 구슬픈 눈매가 떠오른다.

중앙공원에 오르니 적송이 부챗살처럼 우아하게 품위를 자랑하며 향기로운 솔바람을 건네주어 한하운 시인의 보리피리가 새겨진 넓은 바위 앞에서 '필-닐-리' 시구를 읊조리며 보리피리의 슬픈 연주를 들어본다. 사원봉사사의 안내를 따라서 자료관을 살펴보니 그동안의 역사와 더불어 기록물이 전시되어 있어 이들의 아픔에 벗이 되고 힘이 되어준 이웃 종교인들이 고맙게 다가왔다. 바로 옆 섬에 살면서도 여러 가지 핑계로 이제야 이들의 깊은 한을 성찰하고 함께하지 못한 미안함에 다시 한 번 보살행의 원력을 다짐해 본다.

꽃샘추위 때문에 바닷바람이 매섭지만 오는 봄은 막을 수 없어 산에는 다시 진달래가 꽃사태를 이루고 있다. 사람이 본래 부처이지만 어리석은 범부들은 편견과 차별의 못된 생각에 사로잡혀 많은 사람들의 인권을 유린하여 선량한 사람들을 고통

속으로 몰아넣고 무거운 죄를 지어 결국에는 헤어나지 못하고 깊은 나락으로 떨어진다.

관세음보살은 언제 어디서나 부르면 곧 달려가서 중생들의 고통을 해결해 주겠다고 원력을 세운 자비의 화신이다. 그러므로 한 생각 번뇌가 일어나거나 지금 자기가 처한 인권의 현실이 많이 힘들고 고통스럽다고 해도 결코 좌절하거나 물러서지 말고 잘 알아차려서 바로 관세음보살을 불러야 한다. 그러면 오온이 공함을 깨달아 고통은 흔적도 없이 사라지고 자비로운 관세음을 바로 친견하게 될 것이다. 마음과 구세대비로서의 관세음보살이 둘이 아님을 굳게 믿고 한 치의 물러섬 없이 정진을 쉬지 않는다면 나와 세상이 함께 해탈하는 정토가 머지않아 나타날 것이다.

한편 지금 경제적으로 어려움을 겪고 있는 사람이나 병고의 고통 속에서 신음하고 있는 사람들은 좌절하지 말고 자기가 믿고 의지하는 불보살님의 명호를 부르며 당당하게 일어나야 한다. 지금 현실이 아무리 힘들고 어렵다고 해도 지난날 소록도의 원생들이 겪은 고통과 깊은 한을 생각하면 얼마든지 극복할 수 있겠다는 생각이 들기 때문이다. 어려운 때일수록 서로 돕고 이웃을 배려하는 인권지수가 높아야 국가의 브랜드는 향상되고 살기 좋은 나라가 될 것이다.

보리밭에는 더욱 푸르게 보리가 피어오르고 있다.

행복한
간화선

인쇄 | 2010년 7월 1일
펴냄 | 2010년 7월 10일

지 은 이 | 일선 스님
펴 낸 이 | 오 세 룡
펴 낸 곳 | 클리어마인드_ (주)지오비스
등록번호 | 제 300-2005-54호
주   소 | 서울시 종로구 수송동 58 두산위브파빌리온 736호
전   화 | 02)2198-5151, 팩스 | 02)2198-5153
디 자 인 | 현대북스 051)244 -1251

ISBN 978-89-93293-18-0   03220

정가 13,000원